WIR
MACHEN

schöne
bücher

Netzwerk unabhängiger Verlage

WWW.SCHOENEBUECHER.NET

Der pinguletta Verlag ist Teil des Netzwerks »schöne bücher«, eine Vereinigung unabhängiger Verlage.

AF204079

pinguletta

Marc Raschke

DU HAST DIE WAHL

So fällt die Entscheidung an der Wahlurne leichter

ISBN 978-3-948063-05-4

1. Auflage 2025
Copyright © 2025 by Marc Raschke
© 2025 pinguletta® Verlag, Keltern

Fotos Marc Raschke: © Merle König | Instagram @melroyce_
photography
Cover Artwork: © Lelia Rübsam, verschwestern | Helmut Speer,
pinguletta Verlag
Layout: © Helmut Speer | pinguletta Verlag
Produktion: Helmut Speer | pinguletta Verlag
Lektorat: Karin Lassen

Druck: FINIDR, S.r.o
Tschechische Republik

Hersteller: pinguletta Verlag
Durlacher Str. 32, 75210 Keltern, Germany
Tel. +49 7236 932471
www.pinguletta-verlag.de
Fragen zur Produktsicherheit: verlag@pinguletta.de

Marc Raschke

DU HAST DIE WAHL

So fällt die Entscheidung an der Wahlurne leichter

Mehr von Marc Raschke

Bisher als TaschenRaschke erschienen:

- Sparen Edition
- Corona Edition
- Klima Edition
- Frauengesundheit Edition

(alle Ausgaben sind vergriffen)

LinkedIn
https://de.linkedin.com/in/marc-raschke-109787163

Instagram
www.instagram.com/marc_raschke

Facebook
https://www.facebook.com/share/1B5HB6Djxu/?mibextid=wwXlfr

MARC RASCHKE

AUTOR.

Marc Raschke (Jg. 1976) ist ausgebildeter Journalist/Redakteur, studierter Politik- und Kulturwissenschaftler sowie Historiker. Seine Projekte und Strategien in PR und HR wurden national wie international vielfach ausgezeichnet. Bekanntheit erlangte er u.a. als Populismus- und Radikalisierungsexperte sowie in der Pandemie als Corona-Erklärer, der auf Instagram und LinkedIn niederschwellig wissenschaftliche Studien, Politik und Gesellschaftsthemen erklärt.

Das Fachmagazin »Pressesprecher« bezeichnete ihn als »einen der kreativsten Kommunikatoren in Deutschland«, im Branchen-Magazin »W&V« kam er auf die Shortlist der 100 wichtigsten Köpfe der PR- und Marketingbranche. Im PR-Magazin wurde er im ersten Pandemie-Jahr unter die Nominierten zu »Kommunikator*in des Jahres 2020« gewählt. 2021 wurde er von den Verbänden BdKom, DPRG und GPRA sowie dem PR-Rat zum »Forschungssprecher des Jahres« gekürt, ein Jahr später folgte die Auszeichnung »Interne Kommunikation Manager des Jahres«.

Marc Raschke ist als selbstständiger PR- und Employer-Branding-Berater tätig und Co-Gründer der Agentur Blaulicht in Hamburg, die u.a. den Deutschen Preis für Wirtschaftskommunikation 2024 erhielt.

Inhalt

Vorwort.
Der kleine Wahlhelfer

Bevor Sie dieses Buch lesen: Wollen wir uns etwas versprechen? Ich verspreche Ihnen, dass Sie am Ende des Buches tatsächlich mehr Orientierung für die anstehende Bundestagswahl haben und Sie versprechen mir, dass Sie auch wirklich zur Wahl zu gehen. Deal? Unser größtes Problem vor der anstehenden Bundestagswahl ist, dass immer noch viel zu viele Menschen sagen: »Ob ich wählen gehe oder nicht, ist doch egal! Ändert sich ja eh nichts.« Dass das nicht stimmt, sehen wir allein am Beispiel der erneuerbaren Energien, die je nach Zusammensetzung einer Regierung mal gefördert (durch Grüne) und mal ausgebremst (durch CDU/CSU) werden. Oder denken Sie an das Thema »Soziale Sicherheit«: Hier ist es entscheidend, ob eine Partei denkt, dass man bei den Armen weiter kürzen kann (FDP und CDU/CSU) oder ob sie den Beitrag der Superreichen zur Gemeinschaft als wichtig erachtet (SPD und Grüne). Und auch in vielen anderen Politikfeldern ist es relevant, welche Partei mit welchem Welt- und Menschenbild am Hebel sitzt.

Gäbe es jedoch die Partei der Nichtwähler:innen, sie wäre ziemlich »erfolgreich«, ja bei manch einer Wahl hinsichtlich ihres Anteils sogar »Gewinner«: Je nach Wahl bleiben nämlich 20 bis 40 Prozent der Wahlberechtigten der Stimmabgabe fern. Eine erschreckende Bilanz. Und gerade die Gleichgültigen sind die größte Gefahr für unsere Demokratie. Die, die wegschauen. »*Die größte Gefahr ist, sich nicht bewusst zu sein, dass eine Gefahr überhaupt existiert und gibt in Europa. Das ist die größte Gefahr. Wenn man die Gefahr sieht, dann kann man es vermeiden. Dann kann man etwas gegen diese Gefahr tun. Wenn man es nicht sieht, wenn man so bequem ist und sagt, alles ist passiert, alles wird doch nicht schief gehen und alles gut gehen, dann wird die Gefahr wirklich bedrohlich sein. Das ist die größte Gefahr – Gleichgültigkeit*« sagte die Holocaust-Überlebende Ágnes Heller bereits im Jahr 2017 in der WDR-Sendung »Monitor«. Und richtig: Schon damals waren in der Tat viele Gefahren absehbar, die uns nun auf die Füße fallen könnten.

Wir können uns als Gesellschaft keine Gleichgültigkeit erlauben. Dazu sind die Herausforderungen zu mannigfaltig. Klimakrise, Demografie-Krise, massive Gefahr von Rechts und der zunehmende Einfluss sozialer Kanäle und damit privater Medienunternehmen auf unsere Gesellschaft: Dieser »Cocktail« darf unsere Demokratie nicht in die Knie zwingen. Das muss er auch nicht, wenn wir uns kundig machen darüber, was die Parteien mit unserem Land vorhaben. Und wie wir uns stärken können gegen das, was sich an den extremen Rändern der Gesellschaft zusammenbraut und leider längst salonfähig wurde. Insbesondere, weil eine ehemalige Volkspartei diesem Gedankengut Tür und Tor geöffnet hat und es in die Mitte der Gesellschaft getragen wurde. Mit dem, was der Bielefelder Sozialwissenschaftler Prof. Wilhelm Heitmeyer bereits 2011 als »rohe Bürgerlichkeit« beschrieben hat, fand diese geistige Haltung einen Nährboden in eben dieser Mitte.

Zehn Jahre lang hatte der Wissenschaftler in der empirischen Langzeitstudie »Gruppenbezogene Menschenfeindlichkeit« konkret zu Einstellungen und Mentalitäten der Deutschen gegenüber Randgruppen geforscht. Man kann sagen, er hat eine Art »zivilgesellschaftliches Fieberthermometer« entwickelt und man muss festhalten: Am Ende dieser Langzeitstudie, eben 2011, hatte dieses Instrument bereits bedenkliche »Temperaturen« erreicht.

So sorgte sich Heitmeyer vor allem wegen des vielleicht auffälligsten Ergebnisses: Dass nämlich gerade die mittleren bis höheren Schichten unserer Gesellschaft die Solidarität mit den unteren Klassen aufgekündigt und auf Ellbogenmentalität umgeschaltet hatten; dass also unsere bisherige tolerante Bürgerlichkeit durch eine »rohe« ersetzt wird. »Diese rohe Bürgerlichkeit lässt sich in ihrer Selbstgewissheit nicht stören: Die Würde bestimmter Menschen und die Gleichwertigkeit von Gruppen sind antastbar.«[1]

---

[1] https://www.deutschlandfunk.de/wo-sich-die-rohe-buergerlichkeit-zeigt-100.html

Ich persönlich finde es erschreckend, dass wir an diesem Punkt angelangt, ihn vermutlich sogar überschritten haben. Allein die unsägliche Bürgergeld-Debatte der letzten Jahre lässt mich erahnen, wie sehr unsere Gesellschaft von Neid und Missgunst zerfressen sein muss, wenn die staatliche Zuwendung für die Ärmsten der Armen derartig negative Emotionen auslösen kann. Glauben wir denn wirklich, es geht einem von uns in diesem Land besser, wenn wir den Bedürftigen noch mehr wegnehmen? So funktioniert doch Politik nicht in einem Land, das viel über Privilegien regelt. Und ja, es ist bereits ein Privileg, mit welcher Hautfarbe Sie in Deutschland geboren werden. Oder mit welchem Geschlecht. Oder in welche Familie. Für all diese Privilegien können Sie übrigens nichts – sie sind da. Oder eben nicht. Was ebenso sicher ist: Sie und ich werden nicht mehr Geld oder Wohlstand haben, wenn wir es denen kürzen, die am Existenzminimum knapsen. Es wird eher dazu führen, dass diese Menschen noch weiter abrutschen, die Tafeln mit ihrem kostenlosen Essensangebot stärker frequentiert werden und manch einer sogar in die Kriminalität abgleitet, um sich über Wasser zu halten.

So kommt es jetzt mehr denn je darauf an, dass wir als Gesellschaft darüber abstimmen, wohin die Reise geht. Zurück in die Vergangenheit? Ja, in eine düstere Vergangenheit, die Not und Elend über Millionen Menschen gebracht hat. Zurück in eine Welt, die sehr viel Wert auf den Unterschied von Menschen legt und diesen Unterschied auch gern zementieren möchte? Durch Gesetze und Hürden, die es vielen Menschen unmöglich machen, weitgehend gleichberechtigt an unserer Gesellschaft teilzuhaben?

Oder wünschen wir uns eine Zukunft, die alle berücksichtigt, und brauchen wir dafür ehrliche Bestandsaufnahmen und Pläne, die wir gemeinsam und mit der nötigen Portion Demut aushandeln?

Ich darf vorweg klarstellen, dass meine Position diesbezüglich eindeutig ist: Für mich gibt es kein Zurück, so sehr ich auch selbst manchmal gern in der Vergangenheit schwelge und Vertrautes schätze. Aber ich weiß nur zu gut, dass man Vergangenes nicht zurückholen kann. Rezepte aus den 1990er Jahren wirken heute nicht mehr. Deshalb bin ich natürlich nicht neutral in dem, was ich auf den folgenden Seiten schreibe. Ich mache Ihnen aber das Angebot, sich an meinen Argumenten abzuarbeiten. Und ich möchte wenigstens, dass Sie meine Gedanken in die Abwägung Ihrer Wahlentscheidung mit einbeziehen. Fernab von Fake-News und ohne eine manipulative Emotionalisierung geht es schlicht um die Frage: Wie wollen Sie in den kommenden fünf bis zehn Jahren leben, und welche Partei macht Ihnen dafür das überzeugendste Angebot?

Vor diesem Hintergrund bin ich sehr froh, dass ich über das »Bündnis demokratischer Content Creator« (BdCC) den pinguletta Verlag gefunden habe, der die Publikation dieses Buchs ermöglicht hat. Das BdCC, das ich zusammen mit meiner engagierten Kollegin Lisa Müller im November 2024 gegründet habe und das sich als parteiübergreifendes, also unabhängiges Netzwerk für pragmatische Kommunikation versteht, ist unsere Antwort auf die gefühlte Ohnmacht gegenüber dem, was auf politischer Ebene passiert. Wir wollten nicht einfach zusehen, wie Fake-News und rechter Populismus unsere Gesellschaft vergiften. Wir wollten unsere Kompetenzen bündeln und damit etwas Wirkungsvolles schaffen. Dies geschieht auf vielen Ebenen, vornehmlich über die sozialen Kanäle, daher auch der Begriff »Content Creator« im Namen. Dieser Begriff wird im Internet-Umfeld für all jene benutzt, die Inhalte erstellen.

Einen solchen Inhalt haben Sie nun in Ihren Händen. Ich habe mich bemüht, relativ anschaulich und kurz gefasst zu schreiben. Das soll hier schließlich kein Roman, sondern ein effizienter Wahlhelfer für Sie sein. Ich wünsche mir, dass er Ihnen Orientierung bietet. In diesem Sinne lassen Sie uns mit dem Versprechen beginnen, das ich zu Beginn des Buches erwähnt habe. Ich biete Ihnen Orientierung, Sie gehen zur Wahl.

Millionär oder chronisch krank?

Die Wahl als Wahrscheinlichkeitsrechnung

 Was Sie in diesem Kapitel erfahren:

Warum wir in eine »Rentokratie« schlittern

Warum eine Wahl wie eine Bus- und keine Taxifahrt ist

Warum wir an unser »Ich« in fünf bis zehn Jahren denken sollten

»Welche Partei soll ich wählen?« Die Frage erreicht mich häufiger. Es wird Sie als Leser:in vielleicht überraschen, dass diese Frage relativ leicht zu beantworten ist. Nähern wir uns der Antwort zunächst grob an. Stellen Sie sich vor, Sie sitzen in einem Auto, das eine Straße entlangfährt und plötzlich scharf nach rechts ausbricht. Wohin steuern Sie instinktiv? Nach rechts? Weil Sie dann ja immerhin nicht ganz scharf rechts gelenkt haben? Wohl kaum. Wahrscheinlich versuchen Sie, den Wagen wieder in die Mitte der Straße zu bringen. Vielleicht korrigieren Sie sogar etwas nach links, um den Schlenker nach rechts auszugleichen.

Sie ahnen vermutlich jetzt schon, worauf ich hinaus will – und können natürlich zugleich fragen, was denn Fliehkräfte eines Autos mit einer Bundestagswahl zu tun haben. Sehr viel! Ich gehe auch gleich noch näher darauf ein, wie Sie wählen sollten – ohne eine Partei zu nennen. Vielleicht ist Ihnen schon einmal aufgefallen, dass wir in der allgemeinen Debatte über die Ausrichtung Deutschlands immer wieder das Wortbild der »Kräfte« verwenden: »Die linke Kraft versucht ...«, »Rechte Kräfte in der Partei xy fordern, dass ...« etc. Ein gesellschaftliches System ist immer auch ein Spiel der Kräfte. Kräfte, die manchmal geradezu manipulativ auf Menschen wirken. Wenn etwa eine Partei bereits Monate vor der Wahl Posten verteilt und damit klarmachen will: »Wir werden selbstverständlich in der neuen Regierung sein.« Oder wenn eine Partei eine:n Kandidat:in für die Kanzlerkandidatur aufstellt – wohl wissend, dass die Chance auf den Einzug ins Kanzleramt zum Zeitpunkt der Nominierung eher gering sind.

Hierbei geht es eher um Psychologie und das Vortäuschen von Macht. Gleichzeitig ist das natürlich eine sehr durchschaubare Manipulation, die uns vom Wesentlichen ablenken soll. Und jetzt kommen wir zur Antwort der Frage, die im ersten Satz dieses Textes gestellt wurde: Welche Partei soll ich wählen?

Wählen Sie nicht, als würden Sie in den nächsten Jahren Millionär:in werden. Die Wahrscheinlichkeit ist nämlich sehr, sehr gering. Was nicht heißt, dass es nicht einige von Ihnen schaffen könnten – und klar: Ich gönne es jedem. Allerdings sehe ich angesichts der bloßen Fakten in unserem Land auch, dass ein anderer Lebensweg wahrscheinlicher ist. Das hat vor allem einen Grund, der in der allgemeinen Debatte gern ausgeblendet wird, dabei aber allgegenwärtig ist und übermächtig in alle unsere Lebensbereiche eingreifen wird: Demografie, genauer gesagt die Überalterung unserer Gesellschaft.

Deutschland zählt nach Japan zu den Industrienationen mit der ältesten Bevölkerung. Schon bei der Bundestagswahl 2017 war jeder dritte Wahlberechtigte über 60 Jahre alt.[2] Inzwischen nähern wir uns dem Moment, in dem die Ü60-Jährigen etwa 50 Prozent der Wählerstimmen stellen werden. Wir kommen also in die »Rentokratie«, wie das Expert:innen nennen. Dabei handelt es sich um eine gesellschaftliche Struktur, die im Sinne der Rentner:innen agiert und damit die Demokratie auf eine harte Probe stellt. Denn so sehr es im Sinne der Demokratie ist, dass die Mehrheit entscheidet, so sehr spielt in

---

[2] https://www.bundestag.de/dokumente/textarchiv/2018/kw04-bundeswahlleiter-pressekonferenz-540062

diesem Fall das Alter eine prägende Rolle – und stellt die Jüngeren, die noch Berufstätigen vor große Herausforderungen.

Damit Sie mich nicht missverstehen: Ich wünsche Ihnen allen ein langes Leben bei bester Gesundheit. Allerdings sollten wir ehrlich sein: Die Wahrscheinlichkeit, dass Sie im Alter die Gesellschaft mehr Geld kosten als heute, ist hoch. Und es wäre doch toll, wenn wir dann auch noch ein soziales Netz haben, das Sie auffängt, oder? Natürlich können Sie jetzt entgegnen, dass Sie ja fürs Alter vorsorgen – und das ist auch empfehlenswert. Allerdings ist das alles ja bloß ein Zusatz zu dem, was Sie über die Gesellschaft, also die Solidargemeinschaft, erhalten.

Bislang schenkt uns kaum ein:e Politiker:in reinen Wein ein, wenn es um das Thema Rente geht. Auch die Kosten für das Gesundheitssystem werden nicht ehrlich hochgerechnet. Ich gehe darauf im Laufe dieses Buches noch dezidierter ein.

Fragen wir uns einmal, was heutzutage noch sicher ist: Dass die Demografie in den kommenden fünf bis zehn Jahren zuschlagen wird, ja in einigen Branchen (wie beispielsweis in den Pflegeberufen[3]) jeder Dritte in Rente gehen wird, das ist sicher. Und die kommende Bundestagswahl stellt die Weichen für die nächsten fünf bis zehn Jahre. Wählen Sie also mit dem Wissen über die Demografie und so, als würden Sie selbst oder jemand aus Ihrer Familie

---

[3] https://www.pflegekammer-nrw.de/fachkraeftemangel-in-der-pflege-spitzt-sich-zu/

- in den nächsten zehn Jahren arbeitsunfähig werden (das Risiko steigt mit zunehmendem Alter deutlich[4]).
- in den kommenden Jahren auf dem Arbeitsmarkt »schwer vermittelbar« sein (in unserer von Jugendwahn geprägten Gesellschaft gilt dies leider oft schon ab 50 Jahren).
- in einigen Jahren chronisch krank werden[5] (ob Demenz, Abnutzungen des Bewegungsapparats oder Ablagerungen in den Gefäßen – wissen Sie, wie es in zehn Jahren um Ihre Gelenke, Gefäße und Gedächtniszellen bestellt ist?).
- in der nächsten Zeit zum Leidtragenden einer Naturkatastrophe werden (schon heute erleben wir gefühlt zwei- bis dreimal jährlich ein »Jahrhunderthochwasser«).

Allein diese vier Spiegelstriche zeigen: Sie können keine Partei wählen, die den Sozialstaat und damit das Gesundheitssystem reduzieren will. Sie können auch keine Partei wählen, die die Klimakrise leugnet bzw. Klimaziele aufweichen will und ungeachtet der Krise auf die Förderung einer klimaschädlichen Wirtschaft setzt. Kurz: Eine Partei rechts der Mitte ist keine Option, falls Sie das ernst nehmen, was absehbar ist.

Sollten Sie allerdings glauben, dass das alles nicht eintreten wird und dass Sie aus eigener Kraft und ohne gesellschaftliche Infrastruktur schon durchkommen

---

[4] https://de.statista.com/statistik/daten/studie/77731/umfrage/arbeitsunfaehigkeit-falldauer-nach-altersgruppen/

[5] https://www.gesundheitsforschung-bmbf.de/de/viele-erkrankungen-werden-mit-dem-alter-haufig-6786.php

werden, dann ist dieser *TaschenRaschke* vielleicht nicht der richtige Lesestoff.

Falls Sie also – Schritt 1 – die Demografie als Mega-Trend in Ihrer Wahlentscheidung berücksichtigen, sollten Sie – Schritt 2 – zusätzlich darauf achten, dass eine Wahl keine Zeugnis-Vergabe ist. Sie bestrafen nicht Parteien für das, was sie in der Vergangenheit getan haben, sondern überlegen, mit welcher Partei es in die Zukunft gehen kann. Natürlich spielen dabei auch Erfahrungen aus der Vergangenheit mit dieser Partei eine Rolle. Besonders, wenn es Erfahrungen sind, die zum Beispiel das politische Personal der Partei betreffen. Denn genau diese Personen werden maßgeblich Einfluss auf die Zukunft nehmen wollen.

Schon zur Bundestagswahl 2021 hatte ich in einem Gastbeitrag für die »Vogue Deutschland« geschrieben, dass Wahlen für mich eher Bus- als Taxifahrten sind.[6] Diese Metapher sollte dabei helfen, realistische Erwartungen an Parteien zu stellen. Denn natürlich wird Sie keine Partei zu 100 Prozent an Ihre individuellen Ziele führen, so, wie es ein Taxi vermag. Vielmehr geht es um die Route und Richtung, die ungefähr stimmen sollten – wie bei einem Bus. Und die letzten Meter bis zum Ziel geht es dann zu Fuß weiter.

---

[6] https://www.vogue.de/lifestyle/artikel/marc-raschke-bundestagswahl-2021

Über Kompass und Kipppunkte.

Warum Rechts nicht richtig sein kann

 Was Sie in diesem Kapitel erfahren:

Warum wir einige Kipppunkte überrannt haben

Wie stark sich das Gift von Rechts schon ausgebreitet hat

Warum das Einschießen auf die Grünen nur ablenken soll

Der Moment, als sie die Hand ihrer kleinen Schwester loslassen musste, weil Männer mit Schlagstöcken es so wollten. Diesen Moment konnte die mittlerweile alte Frau ihr Leben lang nicht vergessen. Sie sah, wie die kleine, verschüchterte Schwester damals zusammen mit ihrer Mutter in die eine Richtung des Lagers getrieben wurde – weg von ihr. Sie sollte beide nie wieder sehen, denn ihre kleine Schwester und die Mutter wurden direkt in die Gaskammern geschickt – während sie selbst arbeiten musste und Auschwitz wie durch ein Wunder überlebte.

Auf Fotoaufnahmen aus dem Lager Auschwitz haben Historiker (u.a. nach dem Sonnenstand und Schattenwurf der Menschen) errechnet, wie lange die Nazis am Tag brauchten, um die Menschen vom Lagerbahnhof bis in die Gaskammern zu treiben. Es waren gerade mal knapp vier Stunden. Meist ahnten die Menschen an der Rampe nicht, dass dies ihre letzten Stunden waren. Wenn sie nachts ankamen, sahen sie am Horizont des Lagers die lodernden Schornsteine der Krematorien.

Warum ich das so ausführlich beschreibe? Zunächst einmal, weil mich diese Schilderung in der ZDF-Dokumentation »Ein Tag in Auschwitz« sehr bewegt hat. Aber es gibt auch noch einen aktuellen Grund: Im hessischen Landtag hielt vor nicht langer Zeit Michel Friedman eine beeindruckende Rede. Anlass war der 50. Todestag von Oskar Schindler, jenem Mann, der über 1 200 jüdische Menschen vor diesem Schicksal bewahrte, weil er sie als kriegswichtig erklärte – darunter auch die Eltern und eine Großmutter von Friedman.

Völlig zurecht nutzte Publizist Friedman die Gelegenheit, die im Landtag anwesende AfD als Partei des Hasses zu titulieren. »Oskar Schindler würde Sie verachten. Er kannte die Originale der Herrenmenschen. Sie sind noch nicht einmal billige Imitationen«, so der 68-Jährige treffend. Während dieser Rede saßen die AfDler:innen mit versteinerter Miene vor ihm; einer hatte sich weiße Creme an die Nase geschmiert, um Friedman lächerlich zu machen. Man möchte dem Hetzer zurufen: Für eine Clownsmaske hat es wohl nicht gereicht?

Ginge es nach der AfD, würden viele Menschen wieder getrennt, viele Hände voneinander gelöst. Sie nennen es »remigrieren«. Mit wie viel Gewalt sie dies umsetzen wollen, lassen sie bewusst offen. Aber wenn wir dem Gesetz der Eskalation und der bisherigen Erfahrung mit der AfD folgen, dürfen wir sicher sein: Sie werden Gewalt anwenden, sobald sie dazu in der Lage versetzt sind. Sie werden sich daran ergötzen, perfide Abschiebe-Fantasien auszuleben. Es ist unsere Pflicht, an dieser Stelle zu sagen: Wer kein Mitgefühl mit zwei Schwestern hat, die sich voneinander lösen müssen, die einander verlieren, der hat das Recht verwirkt, Mensch zu sein. Der ist ein Monster.

Es gibt Kipppunkte, an denen wir erkennen können, wie es um den Zustand unserer Gesellschaft bestellt ist. Dabei handelt es sich um Momente, in denen sich zeigt, ob und wie ramponiert das moralische Stützgebälk unseres Gemeinsinns ist. Vor Monaten, als der chronische Bierzelt-Besucher Markus Söder aus Machtkalkül einfach über den Antisemitismus-Skandal seines stellvertretenden Ministerpräsidenten Hubert Aiwanger hinweggegangen ist, war so ein Kipppunkt für mich. Früher nämlich wäre in unserem Land mit unserer Geschichte bereits der leise Verdacht von Antisemitismus ein Rücktrittsgrund gewesen; heute sitzen das Egomanen bräsig aus. Und wundern sich dann, dass Antisemitismus im Land rasant zunimmt.[7]

Vor kurzem kam es wieder zu so einem Augenblick, der mir zeigte, dass wir einen weiteren Kipppunkt längst überrannt haben: Der Landtag in Sachsen hat einen Menschen zum Landtags-Vizepräsidenten (ohne Gegenwehr und mit den Stimmen der CDU!) gewählt, der 2017 in einer kleinen Anfrage u.a. penibel wissen wollte, wie viel Geld das Land für die Sterilisation von minderjährigen Geflüchteten ausgibt.

Wir setzen also tatsächlich jemanden, der ein menschenverachtendes Weltbild vertritt, in eines der bestdotierten und höchsten Ämter der Landespolitik. Hetze zahlt sich aus, und zwar ganz konkret. Solche Gesinnungen finden ohne großes Störgefühl Einzug in den sächsischen Machtapparat. Was sagt das über den Zustand des Landes aus? Und über das Ansehen eines Landtags-Präsidenten?

Politiker:innen reden oft und gerne über Leistung, die sich lohnen müsse. Und echauffieren sich künstlich darüber, dass angeblich bei den Bundesjugendspielen das Leistungsprinzip abgeschafft werde (was nicht stimmt). Oder sie reden sich bei dem Thema Bürgergeld in Rage. Mit dem Ergebnis, dass viele

---

[7] https://report-antisemitism.de/documents/20240429_Rias_Bayern_Jahresbericht_2023.pdf

Desinformationen verbreitet werden. Nun aber wird jemand belohnt, der in Sitzungen eher durch Fahrigkeit und Unkenntnis auffällt und sich offenkundig keine große Mühe gibt, seine Menschenverachtung zu verstecken?

Übrigens, die Begründung der CDU, warum sie ihn gewählt hat: Der Mann sei »in der zurückliegenden Legislatur nicht verhaltensauffällig gewesen«. Ja, guck, wenn das schon reicht. Das ist die gleiche CDU, die z.B. einer Partei wie den Grünen sämtliche Kompetenzen abspricht.

Wir sollten an dieser Stelle vielleicht noch einmal daran erinnern: Die größte Gefahr für unsere Demokratie kommt von rechts. Das sage nicht nur ich, sondern auch alle ernstzunehmenden Extremismus- und Radikalisierungsforschenden; ich möchte hier nur Prof. Wilhelm Heitmeyer erwähnen. [8]

Ich betone »Rechts ist die Gefahr« deshalb, weil einigen der Wertekompass offenbar völlig abhanden gekommen ist. Nehmen wir Markus Söder und Christian Lindner, die immer wieder die Grünen ins (man möchte fast ergänzen: noch nur) rhetorische Schussfeld nehmen. Söder etwa behauptet, die Grünen würden immer linker, immer seltsamer, immer schlimmer. Ja, genau, das sind jene Grünen, die in Regierungsverantwortung LNG-Terminals gebaut, Waffenlieferungen an die Ukraine zugestimmt und auch sonst viele ihrer Prinzipien für Realpolitik über Bord geworfen haben. Alles andere als das, was man links nennen würde.

---

[8] https://www.philomag.de/artikel/wilhelm-heitmeyer-krisen-und-kontrollverluste-sind-die-wirkungsvollsten-treiber

Auch Lindner, der zunehmend rechts-libertär wird, empfiehlt sich tatsächlich als »Experte für SPD und Grüne«, ein Treppenwitz der Geschichte. Man möchte dem Zerstörer der Ampel, der laut Umfragen mit seiner Partei die Hauptschuld daran trägt und eigentlich längst zurücktreten müsste, nur zurufen: »Mach Feierabend!«

Sekundiert werden solche Angriffe aus dem rechten Parteienspektrum von Elon Musk, der erst kürzlich auf Twitter/X sowohl Olaf Scholz als auch Robert Habeck jeweils als »Narr« bezeichnet hat. Jener Musk, der nachweislich Faschisten fördert und auch im deutschen Wahlkampf seine Finger im Spiel hat. Wir wissen, dass er unter dem Deckmantel der Meinungsfreiheit den Social-Media-Kanal Twitter/X zu einem Ort von Rechtsextremisten, Verschwörungstheorethikern und Antisemiten gemacht hat. Wir kennen auch sein Vorhaben, in den USA das politische System »auf Effizienz« beschneiden zu wollen. Was nur wenige bereits jetzt ahnen: Es wird in einer Herrschaft der Eliten enden, in der einige wenige Superreiche das Sagen haben. Das ist das Gegenteil von Demokratie und sollte uns alle alarmieren. Aber wenn das mal der einzige Alarm wäre, den wir ernst nehmen sollten …

Was passiert eigentlich mit dem Verbotsverfahren gegen die AfD, sollte die CDU/CSU an die Macht kommen? Meine Vermutung: Es würde natürlich nicht weiter betrieben, schließlich schneidet sich die Union ja nicht ins eigene Fleisch. Keine Partei hat so viele Überschneidungen mit der AfD wie CDU/CSU.[9]

---

[9] Deutsches Institut für Wirtschaftsforschung, 2023: Das AfD-Paradox und die politische Nähe zu anderen Parteien: Die meisten Überschneidungen gibt es mit der Union

Und keine Partei hat der AfD so viele Wähler:innen beschert wie die CDU/CSU.[10] Immer wieder heißt es aus dem Lager der CDU/CSU, man müsse die AfD inhaltlich stellen. Daher eine ernst gemeinte Frage: Wie soll so etwas aussehen bei einer Partei wie der AfD, der Inhalte relativ egal sind? Einer Partei, die den Krawall und Konflikt braucht, um Gehör zu finden? Und warum glaubt ausgerechnet die CDU/CSU, dass sie es vermag, Inhalte zu liefern, die die AfD aushebeln – wo doch die Inhalte beider Parteien mittlerweile sehr ähnlich sind?

Darüber hinaus ist es doch ein Armutszeugnis, wie zögerlich die CDU/CSU einstimmte, unser Bundesverfassungsgericht gegen Angriffe von Rechts zu schützen. Denn wenn schon TV-Sendungen wie »Die Anstalt« sehr plakativ einem Millionenpublikum auf Basis von Verfassungsforschung erklären konnten, wie leicht das Bundesverfassungsgericht aus den Angeln gehoben werden kann,[11] dann dürfte doch klar sein: Diese Gefahr besteht nicht erst seit gestern und ist ziemlich real. Ich kann nicht fassen, mit welcher Geschwindigkeit hier gerade ein ganzes Land unkontrolliert nach rechts abrutscht. Und sich Geschichte wiederholt.

Merken wir eigentlich noch, wie tief das Gift der Rechten in unser Bewusstsein sickert? Nehmen wir das schulterzuckend hin? Und die Lösung – soll die wirklich »rechts wählen« sein?

---

[10] https://www.marktforschung.de/marktforschung/a/afd-waehler-herkunft-profil-und-motivation/

[11] Die Anstalt, »Wie die AfD das Bundesverfassungsgericht aushebeln kann«, Sendung vom 10. Oktober 2023.

- In Bayern hat die CSU zwei AfDler zu (ehrenamtlichen) Verfassungsrichtern ernannt. Jawohl, Söder hat das zugelassen. (24.01.24, BR)
- Dieselbe AfD in Bayern nimmt derweil ohne Scham Remigration als Staatsziel in ihr Parteiprogramm auf – auch gegen bereits Eingebürgerte, die sich angeblich nicht »integrationsfähig« zeigen. Das ist genau das, wogegen Millionen Menschen Anfang des Jahres auf die Straße gegangen sind und weshalb Correctiv nach entsprechender Berichterstattung rechten Hass und rechte Hetze ertragen musste.
- In Thüringen hat die SPD verhindert, dass die CDU dort mit der AfD bezüglich Stellenbesetzungen dealt. (13.11., MDR)
- Auf EU-Ebene haben CDU/CSU mindestens zweimal (und mit Wissen von Merz und Söder) mit Rechtsextremist:innen gestimmt. (1. Venezuela-Resolutionsantrag (Sept. 24); 2. Finanzierung physischer Barrieren an den Außengrenze der Union (Okt. 24))
- Der homosexuelle CDU-Politiker Jens Spahn bedauerte auf Twitter (27.11.24) einen Angriff auf Homosexuelle, um den Vorfall im gleichen Atemzug gegen die »arabische-islamisch geprägte Macho-Kultur« zu instrumentalisieren. Dabei unterschlägt er geflissentlich, dass Rechtsextreme gegen CSDs hetzen, auf Homosexuelle einprügeln und es seinerzeit die Nazis waren, die Homosexuelle in KZ gesteckt haben.
- In mehreren Kreistagen in Mecklenburg-Vorpommern wurden AfD-Politiker:innen mit Stimmen der CDU in die Präsidien gewählt. (19.7.2024, Spiegel)
- In Sachsen-Anhalt lässt sich der parlamentarische Geschäftsführer der CDU im Landtag auf Kreisebene

von AfDlern wählen – wie glaubwürdig ist da noch eine Trennung? (31.07.24, MDR)
- Die ehemalige Ministerpräsidentin von Thüringen Christine Lieberknecht spricht sich offen für »einen anderen Umgang mit der AfD« aus. (03.11.24, ZEIT)

Wie viele Alarmsignale brauchen wir noch, um wieder auf die Straße zu gehen? Oder haben wir aufgegeben? Uns, unsere Mitmenschen und unser Land?

Wir waren als Land einmal alarmierter – aber damals kam die Gefahr eben nicht von rechts. Im November 1989 wurde Alfred Herrhausen heimtückisch ermordet. Eine Lichtschranke löste einen Sprengsatz aus, der die Panzerung seiner Limousine durchschlug. Der Deutsche-Bank-Chef, der den Sicherheitsbehörden oft als zu leichtfertig mit seiner eigenen Sicherheit galt, starb noch am Unfallort. Die Tat wird der RAF zugeschrieben.

Das Bild des ausgebombten Mercedes wurde zur zeitgeschichtlichen Foto-Ikone und kürzlich einmal mehr gezeigt, als die ARD einen Spielfilm über Herrhausen zeigte. Warum ich das hier erwähne?

Als die RAF diesen Staat zersetzen wollte, zeigte er sich wehrhaft. Angriffe wurden nach Kräften abgewehrt, es gab keine Verhandlungen mit Terrorist:innen. Die Täter wurden gejagt und ins Gefängnis gesteckt. Die Kommunikation war unmissverständlich, die Medien positionierten sich eindeutig gegen die RAF. Und heute? Selbst gesichert rechtsextremen Gruppen und damit Gegner:innen dieses Staates wird heute die Tür zum Maschinenraum unserer Demokratie aufgeschlossen.

Wer gegen Menschen hetzt (und damit doch eigentlich gegen die Verfassung verstößt), kann sogar Landtags-Vizepräsident werden, mit Hilfe der CDU (siehe Sachsen). Mal ketzerisch gefragt: Hatte die RAF nur den »Fehler« begangen, nicht auch als Partei anzutreten?

Welches sind die Lichtschranken, in die wir heute blindlings hineinfahren (im übertragenen Sinne z.B. die Fake-News-Tiraden in den sozialen Kanälen)? Schützt uns unsere Panzerung (haben wir z.B. ausreichend Medienkompetenz in Sachen Social Media)? Können wir uns im Zweifel auf eine klare Haltung der Medien gegen jene verlassen, die unsere Demokratie abschaffen wollen? »Aber Herr Raschke, die AfD kann demokratisch gewählt werden.« Ja, umso schlimmer, dass das möglich ist. Eine Schwachstelle unserer Demokratie.

Hätten wir damals im Deutschland der 80/90er Jahre gesagt: »Na ja, die RAF ist sicherlich nur in Teilen linksextrem«? Oder: »Man muss die Sorgen dieser Leute ernst nehmen«? Und: »Lass die mal an die Macht, dann werden die sich schon entzaubern«? – Wir sollten uns nicht blenden lassen – die AfD ist für unser Land gefährlicher als es die RAF je war. Auch und gerade, weil wir die AfD nicht ernst nehmen.

Aufgeheizt – oder:

Warum Fakten kaum noch eine Rolle spielen

 Was Sie in diesem Kapitel erfahren:

Warum die Kampagne gegen die Wärmepumpe ein großer Fake war

Warum Skandale einem Kandidaten nicht mehr schaden

Warum Aufklärung ins Leere führt

Vor der EU-Wahl 2024 gab es sicherlich genügend »Red Flags«. Damit meine ich Warnhinweise, die es nach den bislang üblichen Wahlmetriken eigentlich unmöglich machten, dass (deutsche) Rechtsextremist:innen zulegten: Russland-Skandal der AfD, akutes Flutereignis/Klimakrise (all das leugnen Rechtsextreme), Demos gegen die AfD, Warnungen via TV-Shows vor einem Erstarken der AfD, zusätzlich sogar Bekenntnisse von CEOs zur Demokratie und gegen Rechtsextremismus. Und doch: Die AfD legte satt zu.

Wir waren in Echtzeit Zeugen einer Entkoppelung von politischen Inhalten und politischem Anstand. Auch bei der US-Wahl Ende 2024 konnten wir erleben, wie wenig Skandale einem Kandidaten schaden. Im Gegenteil: Trump produzierte sie munter – und das Wahlvolk feierte ihn dafür. Etwa, als Milliardär Elon Musk schamlos offensiv und mit viel Geld für Trump ins Rennen eingriff. Und damit für einen vorbestraften Trump, vor dem ehemalige Weggefährten eindringlich warnten. Einem Trump, der laut Bob Woodward, dem legendären Enthüllungsjournalisten, fast schon intime Kontakte zu Putin pflegt. Einem Trump, der zusehends durch neurologische Auffälligkeiten bei seinen Auftritten Sorgen bereitet.

Vielen scheint immer noch nicht bewusst zu sein, was da alles auf dem Spiel steht. Nicht nur sicherheitspolitisch für Europa, wenn Putin-Freund Trump Oberbefehlshaber der US-Streitkräfte wird. Die gesamte Welt wird vier weitere kostbare Jahre mit vielen Kipppunkten im Kampf gegen die Klimakrise verlieren, weil Trump es natürlich besser weiß als gut 99,9 Prozent aller Klima-Expert:innen. »America

First« ist bei einem globalen Problem kein gutes Rezept.

Als uns allen ein IT-Milliardär vor einigen Jahren angeblich Mikro-Chips per Corona-Impfung implantieren wollte, war die Aufregung groß. Jetzt hat ein anderer Tech-Milliardär, der mit einer Firma u.a. ganz offiziell Chips in Hirne einpflanzen will, eine mächtige Echokammer namens Twitter/X etabliert und befördert toxische Inhalte direkt in die Hirne der Menschen – und wird dennoch als Heilsbringer einer neuen Welt verehrt.

Dass Elon Musk so offen in eine demokratische Wahl eingriff, schien in den USA niemanden wirklich zu stören. Durch massiven Geldeinsatz erkaufte er sich Macht. Und vielleicht musste man ihm »wenigstens« zu Gute halten, dass er es »immerhin« öffentlich machte, wie sehr er diese Wahl mit seinem Geld zu seinen Gunsten beeinflussten wollte. Viele andere Milliardäre machen dies seit Jahr und Tag eher im Verborgenen.

Die politische Kultur (auch und gerade in Deutschland) ist durch die Wahl Trumps noch rauer geworden. Merz und Söder, aber natürlich auch die Putin-Parteien BSW und AfD wissen nun: Lügen zahlt sich am Wahltag aus. Also werden sie von diesem Kurs nicht abweichen. Wann treten endlich die, die immer noch an das Gute, die faire Debatte, das bessere Argument glauben, endlich in den Kampfmodus? Der Weg der Aufklärung ist (leider) zu einer Sackgasse geworden. Faktenchecks gehören deshalb der Vergangenheit an; sie holen nicht mehr ein, was Fake-

News an Vorsprung gewinnen, wenn sie einmal losgelassen werden. Studien zufolge verbreiten sich Fake-News bis zu sechsmal schneller im Netz als Fakten. Klar, sie erregen so schön. Und so kann sich jede:r seine eigene »Wahrheit« im Netz holen – irgendwo findet er sie immer. Und wenn diese »Wahrheit« dann auch noch Gewohnheiten bequem bestätigt, umso besser. Schließlich muss man sich ja dann nicht mehr umstellen. Kann doch alles so bleiben wie bisher. Oder etwa doch nicht?

An einem prominenten Beispiel zeigt sich das sehr eindrücklich: dem Heizungsgesetz, das CDU/CSU zusammen mit der fossilen Lobby und BILD medial zu »Habecks Heizungshammer« verzerrt hat. Dieses Gesetz ist nämlich gar nicht von den Grünen, es stammt tatsächlich aus CDU-Zeiten. Der Fall belegt lehrbuchartig, wie perfide die CDU/CSU mit Fake-News arbeitet und dabei vor keinem Angriff zurückschreckt. Ihr geht es nicht um die Sache, sondern um Demütigung und Macht. Angst machen ist dabei ein Mittel, das sie häufig einsetzt. Etwa, wenn Erzählungen umhergehen, dass die Grünen alle Gasheizungen mit einem Male rausreißen (was ja nicht stimmt) oder dass der Einbau einer Wärmepumpe bis zu 100 000 Euro kostet (was auch nicht stimmt). - Alles scheint egal, Hauptsache, es haftet am Gegner, in diesem Fall an Robert Habeck.

Das Gebäudeenergiegesetz (GEG), das CDU/CSU im Zuge ihrer Angriffe auf Habeck clever in »Heizungsgesetz« umgetauft haben, trat ursprünglich schon am 01.11.2020 unter der von der CDU geführten Merkel-Regierung in Kraft. Nachzulesen ist das im

Bundesgesetzblatt aus besagtem Jahr, das für jedermann einsehbar ist.

Als im Frühjahr 2023 Klara Geywitz (SPD), Bundesministerin für Wohnen, Stadtentwicklung und Bauwesen und Robert Habeck (Grüne), Bundesminister für Wirtschaft und Klimaschutz, das Gesetz einer routinemäßigen Überarbeitung unterzogen haben, aktualisierten sie einiges daran. Teilweise wurden die strengen Vorgaben der Ur-Fassung aus CDU-Zeiten sogar gelockert. Drang das an die Öffentlichkeit? Natürlich nicht, weil die CDU aus allen Rohren schoss und wochenlang mit »Habecks Heizungshammer« die Schlagzeilen dominierte. Ein Manöver, um vom eigenen Murks aus 2020 abzulenken.

Bemerkenswert ist in diesem Zusammenhang, dass schon die Republikaner ein paar Jahre zuvor den gleichen Kulturkampf um die Wärmepumpe angezettelt haben – genauso wie später die CDU/CSU in Deutschland.[12] Man könnte vermuten, dass sich Merz und seine Mannschaft an der Blaupause aus den USA bedient haben, um mit möglichst viel medialer Welle gegen die Wärmepumpe zu Felde zu ziehen. – Bezeichnend in diesem Zusammenhang ist, dass erst kürzlich Merz & Co. umgeschwenkt und plötzlich für Wärmepumpen sind. Traurig nur für all jene, die der CDU/CSU die Hetze gegen die Wärmepumpe geglaubt haben – und weiterhin auf eine Gasheizung gesetzt haben. Das wird die Betroffenen jetzt leider dauerhaft teuer zu stehen kommen. So gehen dann Fake-News ganz real ins Geld.

---

[12] In Amerika dient selbst die Wärmepumpe zum Kulturkampf, FAZ, 24.04.2022

Abgesehen von alle dem muss man wissen: Deutschland ist gemäß internationaler Abkommen dazu verpflichtet, bestimmte EU-Klimaziele und -Vorgaben zu erfüllen – unabhängig davon, wer an der Macht ist.

Warum sich die Grünen damals nicht gewehrt haben, bleibt offen. Vielleicht ging es Habeck wie so oft um ein redliches Miteinander, um Fakten statt Fakes. Das Problem: Dieser Fall zeigt, dass Du keine Chance hast, wenn die Gegenseite Deine Spielregeln nicht akzeptiert. Und dass Du mit Deiner Kommunikation entscheidend dazu beitragen kannst, wie die Spielregeln laufen.

Schade, dass damals die Medien auf die populistischen Fakes der CDU reingefallen sind. Schade auch, dass dadurch weiteres Vertrauen in das politische System verloren gegangen ist. Letztlich hat dieser Fake der CDU einmal mehr dafür gesorgt, dass die AfD Zulauf bekommt.

Medien als Durchlauferhitzer

Gatekeeper auf Abwegen?

 *Was Sie in diesem Kapitel erfahren:*

Warum Medien wie das ZDF maßgeblich zur Verharmlosung der AfD beitragen

Warum eine Medienpufferzone im Kampf gegen Rechts sinnvoll wäre

Warum es nahezu irrelevant ist, welche Partei Journalist:innen wählen

Wir konnten vor einigen Monaten einmal mehr live und beispielhaft im Fernsehen das große Versagen der Medien im Umgang mit der AfD erleben. Da wurde ein Spitzenkandidat, der gerichtlich bestätigt Faschist genannt werden darf, zur besten Sendezeit am Wahlabend in den Steh-Kreis von Politiker:innen geholt. Jemand, der kurz zuvor im Thüringer Wahlkampf noch auf Marktplätzen über unwertes Leben hetzte, Kinder anderer Nationalitäten aus Schulen entfernen wollte, Pflegekräften Wahlmanipulation vorwarf und deutschen Unternehmen den Niedergang wünschte. Wie er nun so da stand, von der Regie ins Scheinwerferlicht gestellt, als wäre hier ein respektabler Politiker mit einer grundgesetzestreuen Haltung zugegen – da war offenbar alles vergessen.

Vergessen all die Fake-News, mit denen sich die AfD umgibt. Vergessen die Korruptions-Skandale dieser Partei mit Russland. Vergessen die Netzwerke zu Rechtsextremen, die das Land ins Chaos stürzen wollen. Das ZDF spulte routiniert einen Wahlabend ab, in dem es viel um Sitzverteilungs-Charts und Wahlmetriken ging. Kühle Zahlen, verkopfte Analysen. Als sei der Umgang mit gesichert Rechtsextremisten eine Rechenaufgabe.

Dem Faschisten wurden wachsweiche Fragen gestellt und er bekam Raum, live seinen Irrsinn von »die AfD ist die neue Volkspartei für Thüringen« über den Sender zu jagen. Außerdem sei doch jetzt auch mal gut mit dem Brandmauer-Gerede.

Schon der zarte Versuch eines TV-Journalisten, ihn mit den Worten vorzustellen, die AfD gelte ja als gesichert rechtsextrem, wurde von ihm kühn genutzt. Er schaltete sofort auf Angriff und forderte den TV-Journalisten heraus. Es sei ja klar, so der vor Kraft kaum gehende Faschist, dass jetzt so etwas komme: »Wollen wir uns darüber unterhalten?« Der TV-Journalist geriet leicht ins Wanken, versprach sich. Schwenkte schließlich zu seiner Frage um.

In der Deutschlandfunk-Presseschau wurde etwas später ein »Welt«-Artikel zitiert, der die AfD als »kapitalismuskritisch« einstufte. Kapitalismuskritisch? Öffentlich-rechtliche journalistische Einordnung am Limit.

Was an jenem Wahlabend leider nur beiläufig erwähnt wurde: 50 Prozent der CDU-Wähler hatten laut ZDF-Analyse die CDU nicht etwa wegen ihrer Inhalte gewählt, sondern um zu verhindern, dass die AfD noch stärker wird. Eine Bankrott-Erklärung der Demokratie. Und: Leider hat der öffentlich-rechtliche Rundfunk einmal mehr seinen maßgeblichen Teil dazu beigetragen, dass die AfD weiter stark bleibt bzw. noch zulegen wird.

Umso mehr halte ich eine so genannte »Medienpufferzone« gegen Rechts (»Cordon Sanitaire« wie in der Wallonie) für absolut sinnvoll. Konkret sollen Medien mit solch einem Puffer Rechtsradikalen und Rechtsextremen keine unmittelbare Bühne mehr bieten, sondern nur noch indirekt und damit sofort einordnend über sie berichten. Halten Sie das für Bevormundung? Für einen Angriff auf das Publikum nach dem Motto: »Die trauen uns nicht zu, selbstständig zu denken«?

Sagen wir es anders: Medien sind sich bei ausgewählten Themen durchaus ihrer Macht und damit ihrer Verantwortung bewusst. Beim Thema Suizid etwa gibt es ein vom deutschen Presserat gestütztes Übereinkommen, dass darüber nur in absoluten Ausnahmefällen berichtet wird. Studien haben nämlich gezeigt, dass falsche Berichterstattung Nachahmer anregt, die bereits suizidgefährdet sind. Dann steigt die Zahl der Suizide – oft wird sogar der gleiche Ort gewählt oder die gleiche Methode angewendet. Deswegen schreibt auch der Pressekodex vor, zurückhaltend zu berichten.[13]

Selbst die durchschnittlich drei Selbstmorde pro Tag in Deutschland, bei denen sich jemand vor die Bahn wirft, finden in der Regel keinen Widerhall in der Presse – obwohl davon viele Menschen betroffen sind: Sei es, weil sie in den Zügen sitzen oder weil sie die daraus resultierenden Verspätungen im Gesamtfahrplan erdulden müssen. Nicht einmal das Argument, dass es so viele beeinträchtigt und damit Relevanz haben müsste, zieht hier.

Seit einiger Zeit berichtet die BILD (und ich möchte betonen, dass ich die BILD nicht im Kreis seriöser Medien mit journalistischem Grundwert sehe) gefühlt jeden Tag groß auf der Titel- bzw. Startseite über Messerangriffe. Man könnte meinen, es würden in Deutschland nur noch Messer als Tatwerkzeuge benutzt. Auffällig ist auch: Die Täter in den Berichten der BILD, die großflächig den medialen Boden für AfD-Hetze bereitet, haben alle einen Migrationshintergrund.

---

[13] https://www.deutschlandfunk.de/sagen-meinen-warum-medien-nicht-ueber-selbstmord-schreiben-100.html

Nun kann man natürlich sagen, dass es etwas anderes ist, wenn ein Mensch einen anderen umbringt. Darüber müsse man ja berichten. Ok, aber warum ausschließlich über Messerangriffe? Und warum ausschließlich dann, wenn Migranten sie verübt haben? Was möchte uns die BILD damit sagen? Will sie etwa vor einer Wahl die Meinungsmache anheizen? Könnte es sein, dass die BILD viele Monate die Ampel absägen wollte, um eine fossilfreundliche Regierung zu ermöglichen – ganz im Sinne ihres fossilen Investors KKR & Co. Inc.[14] (ehemals Kohlberg Kravis Roberts & Co.)?

Auch wenn man es angesichts der rechten Hetze und Panik-Medien nicht glauben mag: Die Morde in Deutschland sind laut Kriminalstatistik stark rückläufig. Inklusive der Mordversuche waren es im Jahr 1993 genau 1299 Fälle. 2021 wurden 643 Fälle gemeldet. Damit halbierte sich ihre Anzahl in dieser Zeit. Dieser Rückgang ist übrigens wesentlich größer als der aller übrigen Straftaten, die im selben Zeitraum um 27 Prozent sanken. Die aktuellste Zahl, die ich für Mord und Mordversuch in der Statistik gefunden habe, ist aus dem Jahr 2023: 704. Also immer noch deutlich weniger als in den 1990er Jahren.

Na, das hätte man nicht gedacht, wenn man die Schlagzeilen liest? Genau, einmal mehr haben wir einen Beleg dafür, wie sehr die Medien unsere Wahrnehmung auf Politikfelder beeinflussen. Solch eine Macht haben Medien. Was derzeit allerdings fehlt, ist die Verantwortung für diese Macht. Viele Menschen

---

[14] https://www.lobbycontrol.de/lobbyismus-und-klima/springer-konzern-nutzte-hauptaktionaer-kkr-den-medienkonzern-fuer-politische-einflussnahme-118529/

glauben immer noch, dass Medien in Deutschland zu weit »links« stehen.

Meist wird dabei auf eine Umfrage verwiesen, die feixend in rechten Kreisen herumgereicht wird.[15] [16] Demnach sympathisieren rund 40 Prozent der Journalist:innen mit den Grünen, während die AfD gar nicht auftaucht. Na, zappalott. Daraus schließen nämlich die Rechten (bis weit in die Union hinein), dass es eine Verzerrung in der Berichterstattung zugunsten der Grünen gäbe. Daran ist vieles sehr falsch; selbst die Autoren der Studie sagen, sie werden falsch wiedergegeben.

Vorweg: Ich glaube durchaus, dass Journalist:innen privat (!) relativ häufig der Politik der Grünen nahe stehen. Wir reden hier von einem vergleichsweise gebildeten Berufsstand. Das Volontariat z.B. setzt in der Regel ein Studium voraus.

Aber das ist gar nicht der Punkt bei den Medien. Sonst müssten wir auch anzweifeln, dass Audi-fahrende Journalist:innen seriös über Mercedes berichten können. Oder dass Frauen nicht über Prostata-Vorsorge schreiben können, weil sie ja gar keine haben. Diese Logik ist also hanebüchen.

Vielmehr ist die redaktionelle Linie des jeweiligen Mediums entscheidend, die sich mittels Inhaltsanalysen bewerten lässt. Und da sagen seit Jahren

---

[15] Journalisten sind linker und grüner als die Bevölkerung. Ist das ein Problem?, ÜberMedien, 15.01.2024

[16] https://journalistik.online/ausgabe-3-4-2023/wie-blicken-journalistinnen-und-journalisten-auf-die-welt/

Studien unisono dasselbe: Wir haben in Deutschland ein vergleichsweise ausgewogenes Medienspektrum. Allerdings möchte ich diese Aussage direkt einschränken, denn das bloße Auflisten von Medien sagt noch nichts über ihre jeweilige Reichweite und damit ihren Einfluss aus. Sicherlich ist die taz im Spektrum weiter links als die FAZ, aber eben auch deutlich kleiner.

Ich würde daher noch weiter gehen und sagen: Wir haben mindestens einen Hang zu rechtskonservativen oder konservativ-autoritären Medien. Vor allem die BILD, als mit Abstand auflagenstärkste Zeitung, hat natürlich einen enormen Einfluss. Außerdem sind Chefredakteure, die maßgeblich die Ausrichtung von Medien gestalten, oft eher konservativer als ihre Redaktionskolleg:innen.

Dass die Öffentlich-Rechtlichen Medien Angriffe aus dem rechten Lager erfahren, ist letztlich damit zu erklären, dass hier noch am ehesten ein reichweitenstarkes Korrektiv zu rechter Hetze zu finden ist. Und das ist gut so! Denn ich sehe mit Sorge, wie viele privatwirtschaftliche Medien inzwischen weit nach rechts abdriften, ich sage nur NZZ, Welt & Co.

Schauen wir uns einmal an, wer hinter einschlägigen Medien steckt, die gerade in den letzten Monaten dem rechten Lager durch fast schon Kampagnen-Journalismus unter die Arme gegriffen haben – teilweise sogar mit abstrusen Lügen. Drei Beispiele, die abseits des sicherlich bekannten Springerverlags mit BILD, Welt & Co. in die gleiche Kerbe hauen: Aufmerksamkeit um jeden Preis.

Beispiel Cicero

Das einst liberal-konservative Debatten-Magazin, das vor Jahren sehr ambitioniert gestartet ist und sich zu Beginn im Feld der »Politischen Kultur« verortet hat, ist spätestens seit der Flüchtlingsdebatte scharf rechts abgebogen. Die linke taz hatte bereits Februar 2016 beobachtet, dass der Rechtsruck bei Cicero vollzogen war. Damals setzte Cicero auf eine Titelgeschichte über Flüchtlinge: Auf dem Cover prangte Angela Merkel, die auf einem Sofa saß und in aller Ruhe Tee trank, während hinter ihr der Kölner Dom lichterloh brannte. »Nicht mehr mein Land« stand darunter, »Deutschland zwischen Kontrollverlust und Staatsversagen«.

Noch gut ein Jahr zuvor, im Dezember 2014, war das Magazin für ein Heft-Cover prämiert worden. Es zeigte eine Frau auf einem Luxusschiff, die in einen Pool springt, während im Meer unter ihr Menschen ertrinken. Dazu die Schlagzeile »Das Boot ist voll«, die zynischer nicht sein konnte und sich damit gegen Politiker und Medien stellte, die in den 90ern gegen Asylbewerber gehetzt hatten. Die Titelgeschichte kritisierte die Abschottung Europas und porträtierte Geflüchtete.

Es ist sicherlich kein Zufall, dass zwischen diesen beiden Cover-Bildern der Res Publica Verlag im Jahr 2015 gegründet wurde, in den das 2004 gegründete Magazin fortan eingegliedert war. Christoph Schwennicke und Alexander Marguier übernahmen die Herausgeberschaft. Beide sind eher im rechten Lager der Parteienlandschaft zu finden. Erst im Januar

2024 plädierte Marguier im »Cicero« dafür, die AfD nicht weiterhin auszugrenzen, ja zu dämonisieren und ein Verbot zu fordern. Das würde die AfD nämlich eher stärken als schwächen. – Seltsame Vorstellung.

Als dann Schwennicke im Jahr 2021 aus dem Verlag ausschied, kaufte ein gewisser Dirk Notheis die Anteile. Auch er ist kein Unbekannter im eher rechten Parteienspektrum. Der Investmentbanker ist als CDU-Gewächs politisch sehr gut vernetzt und hatte einst mit dem früheren Ministerpräsidenten von Baden-Württemberg und CDU-Politiker, Stefan Mappus, einen umstrittenen Rückkauf des Energiekonzerns EnBW durch das Land Baden-Württemberg zu verantworten. U.a. wurde gegen die beiden wegen Untreue bzw. Beihilfe ermittelt.

Doch um diesen möglichen Skandal soll es hier nicht gehen. Vielmehr möchte ich darauf hinaus, dass es immer ein schlechtes Zeichen für einen Verlag ist, wenn ein derart prominentes CDU-Parteimitglied wie der stramm konservative Dirk Notheis ein Magazin als Herausgeber übernimmt und fortan prägt. Spätestens ab diesem Zeitpunkt ist von einer ausgewogenen Berichterstattung kaum noch auszugehen.

So feierte sich Cicero jetzt für das Einklagen von Akten-Einsicht bezüglich des Atomausstiegs und wollte prompt einen Skandal konstruieren (»Wie die Grünen beim Atomausstieg getäuscht haben«, 25.04.2024). Von diesem Getöse blieb aber nicht viel übrig. Schnell stellte sich heraus, dass hier offenbar nicht viel mehr als ein Sturm im Wasserglas stattgefunden hatte.

Beispiel Nius

Lange hatte der Chef des 2023 neu gegründeten, rechten Hetz-Portals »Nius«, Ex-Bild-Chef Julian Reichelt, geheim halten wollen, wer als Finanzier hinter dem bizarren Medienangebot steckt. Inzwischen wissen wir, dass der CDU-nahe Millionär Frank Gotthardt die rechtspopulistische Stimmungsmache von Nius finanziert.

Als Ehrenvorsitzender des CDU-Wirtschaftsrates Rheinland-Pfalz und Investor des Eishockey-Clubs »Kölner Haie« äußert er sich so gut wie nie zu seinen Investments. In einem seiner seltenen Interviews sagte er Anfang 2024 in einem regionalen Podcast, dass die Medienlandschaft »eine Ergänzung im konservativen Bereich« brauche. Mit Nius wolle der Millionär nach eigenem Verständnis eine Lücke in der deutschen Medienlandschaft schließen, er engagiere sich »aus staatsbürgerlicher Verantwortung«.[17] Na klar, kleiner geht es wohl auch nicht.

Erklärtes Ziel des Angebots scheint es zu sein, rechte Inhalte mehrheitsfähig zu machen. Dafür versteigt sich die Plattform in einen geradezu bizarr übertriebenen Slogan: die Stimme der Mehrheit. Nius kann als Versuch gewertet werden, den ultra-rechten Medienkanal Fox News (Lieblings-TV-Sender von Donald Trump) nach Deutschland zu holen. Das Geschäft mit den Fake-News inklusive.

---

[17] https://www.handelsblatt.com/unternehmen/it-medien/millionaer-frank-gotthardt-will-mit-nius-das-deutsche-fox-news-aufbauen/100093718.html

So ist es nicht verwunderlich, dass sich viele stramm rechte Politiker:innen, die es mit Wahrheit und Anstand nicht so genau nehmen, in den Räumen des Desinformationsportals die Türklinke in die Hand geben. So hatte Nius unter anderem schon CDU-Generalsekretär Carsten Linnemann zu Gast, NRW-Innenminister Herbert Reul (CDU), Jens Spahn (CDU), Gitta Connemann (CDU) oder Frank Schäffler (FDP). Auch der Vorsitzende der Werteunion, Hans-Georg Maaßen, war da.

Ob Hetze gegen Minderheiten, Leugnung der Klimakrise oder offener Rassismus: Vielfach reißt Nius Bilder und Botschaften aus dem Zusammenhang und »rahmt« sie derart neu, dass sie zur Leitidee des Hetzportals passen. Das Grundprinzip? Verdrehte Fakten und Krawall! Was auf Nius passiert, hat mit Journalismus nicht viel zu tun. Erst kürzlich hatte Jan Böhmermann in einer Ausgabe des »ZDF Magazin Royale« aufgedeckt, dass Nius sehr enge Kontakte zu rechtsextremen Kreisen pflegt sogar und manche Rechtsextremist:innen als Autor:innen beschäftigt.

Natürlich hat Nius auch – und gerade – die Öffentlich-Rechtlichen Sender im Visier. So nutzt das Hetz-Portal jede Gelegenheit, gegen ARD, ZDF & Co. zu schießen, seien die Vorwürfe auch noch so konstruiert. Ein weiterer Beleg für mich dafür, wie wichtig es ist, dass sich nicht ein paar reiche Unternehmer ihre Medien und damit zentrale Meinungskanäle im Land kaufen können. Mit den Öffentlich-Rechtlichen Medien haben wir ein hohes Gut, das essenziell für die Verteidigung unserer Demokratie ist.

Beispiel NZZ

Die Neue Zürcher Zeitung (NZZ) aus der Schweiz war einst das Flaggschiff der liberal-intellektuellen Welt. International geachtet galt sie lange Jahre als Fixstern für Top-Journalist:innen, die über den Tellerrand hinausschauen wollten. Davon ist leider nicht mehr viel übrig. Die NZZ positioniert sich inzwischen auffallend deutlich gegen links, gegen woke – und unterstützt dafür offen und vielfach geradezu plump rechte und rechtsextreme Positionen.

Dabei schreibt sich die NZZ regelrecht wahnhaft in einen Rausch. So würden z.B. die Woken als Ideologen die westliche Zivilisation verachten, hätten es auf die Pfeiler der Religion, der Monogamie und der Kultur abgesehen und würden ihren zerstörerischen Utopismus mit den Islamisten teilen. Gendern sei Bevormundung, eine Triggerwarnung eine Zumutung für den freien Geist. Dass die AfD in Thüringen vom Verfassungsschutz als rechtsextrem eingestuft wird, nimmt NZZ-Chefredaktor Eric Gujer schulterzuckend zur Kenntnis: »Na und«?

Bereits im Jahr 2018 hatten andere Medien den Rechtsruck in der NZZ-Redaktion mit Sorge registriert. Von »interner Zensur« war dort die Rede, von »Säuberungswellen" in der Redaktion und von einer zunehmenden »Angst« auf den Fluren.[18] Viele Redakteur:innen verließen das Blatt, unter ihnen zahlreiche renommierte Journalist:innen, wie z.B. Sieglinde Geisel. Der Norddeutsche Rundfunk

---

[18] Neue Zürcher Zeitung: Warum das Blatt sich wendet, nrd.de, 28.02.2018

schrieb 2018: »Mehr als 20 Jahre arbeitete sie für das Feuilleton der NZZ aus Berlin und New York. Sie berichtet von einem neuen Führungsstil. Früher habe man schreiben können, was man wollte, so Geisel, solange man es gut begründete. Heute gebe es Vorgaben, wer über welche Themen schreiben dürfe, ein Faible für rechte Meinungen und einen zunehmend ›giftigen‹ Ton in den Kommentaren – sie habe es dort nicht mehr ausgehalten.«

Chefredaktor Eric Gujer gilt als konservativ, ja autoritär, und hat den Kurswechsel eingeleitet. Seit 2015 bestimmt er die Geschicke des Blattes und hat es – aus aufgeklärter Sicht – sogar für Schwurbler und Verschwörungsideologen geöffnet. Ob das die Antwort auf den Wunsch nach mehr Debattenraum ist oder schlicht der plumpe Versuch, Clickbaiting im Internet zu befeuern, ist schwer zu beurteilen. Auf alle Fälle ist das Blatt, das sich stets als unabhängiger Blick von außen auf Deutschland verstand, leider nicht mehr ernst zu nehmen.

Alle gegen das Bürgergeld.

Stimmungsmache mit falschen Zahlen

Was Sie in diesem Kapitel erfahren:

Warum sich Menschen mit geringem Einkommen gegenseitig bekämpfen sollen

Warum nicht das Bürgergeld zu hoch, sondern der Mindestlohn zu gering ist

Warum der Arbeitsmarkt insgesamt durchlässiger werden muss

Die knappe halbe Minute in der Sendung von Caren Miosga am 1. Dezember 2024 hatte es in sich. Entweder war Christian Lindner blank an Wissen über Bürgergeld-Empfangende. Oder einfach ein dreister Lügner. Beides wäre ihm zuzutrauen. Auf offener Bühne behauptete er, dass Bürgergeld-Empfangende nicht arbeiten würden. Damit steht er stellvertretend für eine Gruppe einflussreicher Leute, die zahlreiche Mythen und Desinformationen über das Bürgergeld in die Welt setzen. Leider werden diese Fake-News dann gierig von Menschen aufgenommen, die sich – perfekt manipuliert – wie »Stimmungsvieh« treiben lassen.

Deshalb müssen wir aufdröseln, wer Bürgergeld bekommt (die Zahlen stammen vom Bundesministerium für Arbeit und Soziales). Das lässt sich an vier Fingern abzählen. Jeder Finger steht grob für eine Bezugsgruppe, und es wird schnell klar, dass es eben keinen Arbeitsanreiz, sondern ein zusätzliches Armutsrisiko für viele dieser Gruppen darstellt, wenn man das Bürgergeld kürzt und sie weniger bekommen. Vorweg: In Deutschland erhalten rund 5,5 Millionen Menschen Bürgergeld.

- Der kleine Finger steht für rund 1,6 Millionen Kinder unter 15 Jahren, die Bürgergeld beziehen, weil sie aus armen Familien kommen. Sie gehen also noch zur Schule – eine Kürzung treibt sie nicht in den Arbeitsmarkt.[19]

- Der Ringfinger steht für 1,5 Millionen Menschen, die in Ausbildung sind oder ihre Angehörigen

[19] Bundesamt für Arbeit und Soziales: Das Bürgergeld im Faktencheck.

pflegen oder kurzfristig arbeitsunfähig sind oder aufgrund von Kindeserziehung nicht am Arbeitsmarkt teilhaben können. Die Zahl ist so groß, weil es vielfach an Kinderbetreuung und Pflegeplätzen mangelt. Dieser Trend dürfte sich durch den demografischen Wandel und die vielen Abgänge von Kita- und Pflegekräften in die Rente in den kommenden fünf bis zehn Jahren weiter verschärfen.

- Der Mittelfinger steht für die sogenannten Aufstocker (rund 800 000 in Deutschland). Diese Menschen arbeiten bereits, doch sind die Einkommen so gering, dass sie zusätzlich Bürgergeld beziehen. Hier wäre es also sinnvoller, die Löhne anzuheben.

- Der Zeigefinder steht für rund 1,6 Millionen Menschen (gerade mal 2 Prozent der Menschen in Deutschland), die arbeitslos sind, aber meist per Drehtür zwischen Arbeitslosigkeit und Niedriglohnsektor wechseln. Sie haben oft keine ausreichende Ausbildung oder gesundheitliche Probleme, was die Arbeitsaufnahme erschwert. Viele Arbeitgeber scheuen sich, diese Menschen einzustellen. Zudem: Sie erledigen schlecht bezahlte Jobs, die aufgrund der Arbeits- oder Rahmenbedingungen kaum ein anderer machen will. Und haben auch keine großen Rücklagen. Auch sie trifft eine Kürzung des Bürgergeldes – ohne dass es einen Effekt auf den Arbeitsmarkt haben dürfte.

Wer nun gegen das Bürgergeld hetzt, zeigt nur einmal mehr, wie gehässig und an der Realität vorbei sich manche Politiker:innen in ihrem populistischen Klassenwahn verrennen. Widerlich.

Nach unten treten.

Mythen und Fakten zum Bürgergeld

 Was Sie in diesem Kapitel erfahren:

Warum die Zahl der schwarzen Schafe beim Bürgergeld recht klein ist

Warum fehlende Kinderbetreuung das Bedürfnis nach Bürgergeld steigen lässt

Warum Bürgergeld nicht einfach so gestrichen werden sollte

Es gibt ein Schaubild im Netz, das in meinen Augen sehr deutlich darstellt, was an der Bürgergeld-Debatte schiefläuft. Es zeigt drei Männer an einem Tisch. Der eine ist ein schwarzer Mann in Lumpen, der andere ist ein weißer Mann mit Blaumann und Helm und der dritte ein weißer Mann im feinen Anzug. Vor dem Anzugträger steht ein Teller mit vielen Keksen. Der Arbeiter im Blaumann hat einen Teller mit nur einem Keks, während der Schwarze einen leeren Teller hat. Der Businessmann neigt sich zum Arbeiter und sagt: »Vorsicht, der Schwarze will Dir Deinen Keks wegnehmen.«

Wir erleben seit Jahren, wie geschickt Menschen am unteren Ende der Gehaltsskala gegeneinander ausgespielt werden. Vor allem der Neid scheint hier unermesslich groß – verbunden mit dem Wunsch, nach unten zu treten, um sich selbst zu erhöhen. Nur so kann ich mir erklären, warum die Erzählungen rund um das Bürgergeld so gut ankommen und deshalb von Politiker:innen auf perfide und virtuose Weise ausgenutzt werden. Dass sich dabei über die Zeit Mythen entwickelt haben, die regelrecht ein Eigenleben führen, kommt den Hetzern gegen das Bürgergeld nur gelegen. Hier die gängigsten Mythen – jeweils mit Aufklärung.

Mythos: »*Die Statistik legt nahe, dass eine sechsstellige Zahl von Personen grundsätzlich nicht bereit ist, eine Arbeit anzunehmen.*« CDU-Generalsekretär Carsten Linnemann (Juli 2024, Funke-Mediengruppe)

Fakt: Der Mythos lebt von diversen manipulativen Unterstellungen. Zunächst einmal spielt er damit, dass die Zahl irgendwo zwischen 100 000 und 999 999 Personen liegen könnte – was ja durchaus eine beachtliche Menge wäre. Zugleich wird gesagt, dass »die Statistik« etwas „nahelege". Welche Statistik das genau ist, wird nicht gesagt. Und auch ein »nahelegen« ist sehr vage, ganz im Gegensatz etwa zu »sagt aus, dass« oder »ergibt, dass«. Zudem müsste definiert werden, was »grundsätzlich nicht bereit« bedeutet. Aus der Praxis ist bekannt, dass einige Bürgergeld-Empfangende z.B. oft Termine verpassen – bedeutet das schon »grundsätzlich nicht bereit«?

Letztlich besagt die Statistik der Agentur für Arbeit: Die Anzahl der Totalverweigerer liegt bei rund 16 000 Menschen, also 0,4 Prozent der Bürgergeld-Empfangenden. Diesen Menschen wurde der Regelsatz des Bürgergeldes gekürzt.[20]

Mythos: *»Das Bürgergeld ist so hoch, dass es sich kaum mehr lohnt zu arbeiten.«* Bayerns Ministerpräsident Markus Söder, CSU (September 2023, ARD)

Fakt: Bürgergeld-Beziehende leben unter der Armutsgrenze. Ein alleinstehender Erwachsener erhält seit Anfang 2024 563 Euro im Monat – das sind rund 19 Euro am Tag. Der Deutsche Gewerkschaftsbund hat im Vergleich dazu errechnet, dass Vollzeit-Arbeitnehmer:innen bei einer 38-Stunden-Woche im Schnitt 1 515 Euro netto zur Verfügung hat, während Bürgergeld-Empfangende insgesamt 995 Euro (inkl. Zulagen für Miete etc.) erhalten. Das Wirtschafts-

---

[20] Bürgergeld: Knapp 16 000 Jobverweigerern Regelsatz gekürzt, Tagesschau, 20.04.2024

und Sozialwissenschaftliche Institut (WSI) bestätigt diese Zahlen.

Letztlich wäre es viel vernünftiger, die Löhne heraufzusetzen. Es läuft halt nur viel besser, wenn man dafür sorgt, dass sich die am unteren Ende der Lohnskala alle gegenseitig zerfleischen. Dann haben »die da oben« Ruhe und müssen sich nicht um »lästige Lohnerhöhungen« kümmern.

Mythos: *»62 Prozent der Familien im Bürgergeldbezug haben keinen deutschen Pass. Ihr Bürgergeld ... ist ein Migranten-Geld, ein Einwanderungsmagnet.«* Alice Weidel, Co-Parteichefin der AfD (November 2023 im Bundestag)

Fakt: Die Zahl stammt aus einer Statistik der Bundesagentur für Arbeit vom Juni 2023. Demnach waren von den damals 3,93 Millionen Bürgergeld-Beziehenden tatsächlich 2,46 Millionen mit einem Migrationshintergrund in dieser Auflistung geführt, also 62 Prozent. Nur: In diese Zahl fallen auch Kinder, ältere oder kranke Menschen. Und: Unter die Kategorie »Menschen mit Migrationshintergrund« definiert die Agentur für Arbeit auch deutsche Bürger, von denen der Geburtsort mindestens eines Elternteiles außerhalb Deutschlands liegt – mit einer Zuwanderung nach 1949. Das sind dann also auch Menschen mit deutschem Pass.

Aber natürlich ist in den letzten zwei Jahren durch den schrecklichen russischen Krieg in der Ukraine ein Zuwachs an Bürgergeld-Empfangenden zu verzeichnen gewesen. So bezogen im März 2024 rund

722 000 Ukrainer Bürgergeld, davon allerdings 200 000 Kinder und 320 000 Auszubildende oder Aufstockende. 186 000 waren arbeitslos. Wir sehen also: Die Zahlen sind bei genauer Betrachtung schon wesentlich anders zu beurteilen, was aber die AfD nicht davon abhält, die Zahlen verkürzt wiederzugeben – Hauptsache, es passt in ihre Hetz-Strategie.

Mythos: »*Wer arbeiten kann, Arbeitsangebote jedoch nicht annimmt, der muss hier in Deutschland stärker sanktioniert werden.*« Reiner Haseloff, Ministerpräsident Sachsen-Anhalt, CDU (Juni 2024, Volksstimme)

Fakt: Der Reflex, alles »immer stärker« und »immer härter« zu fordern, ist politisch üblich, aber faktisch betrachtet rein populistisch und nicht sinnvoll. Denn: Bereits die Möglichkeit einer Sanktionierung zeigt Wirkung. So besagt es eine Studie des Instituts für Arbeitsmarkt- und Berufsforschung, einer Forschungseinrichtung der Bundesagentur für Arbeit. Sie zeigt, dass gelegentliche Sanktionen die Vermittlungsquote verbessern können, während zu strenge Sanktionen oft zu schlechteren Arbeitsplätzen und sinkendem Einkommen führen. Daher wird ein moderater Ansatz empfohlen.

Mythos: » *... dann muss die Grundsicherung komplett gestrichen werden.*« *CDU-Generalsekretär Carsten Linnemann (Juli 2024, Funke-Mediengruppe)*

Fakt: Das ist zum Glück in Deutschland ausgeschlossen. Eine komplette Streichung von Leistungen ist nicht mit der Verfassung vereinbar. Das Bundesverfassungsgericht hatte im Jahr 2019 entschieden, dass es verlässliche Prognosen geben müsse, um sicherzustellen, dass Sanktionen auch den gewünschten Effekt haben. Das Existenzminimum in Deutschland müsse zu jeder Zeit gewährleistet sein. Eine hundertprozentige Streichung von Leistungen ist demnach nicht möglich.

Genug Geld ist für alle(s) da.

Es ist nur falsch verteilt

 Was Sie in diesem Kapitel erfahren:

Warum die »schwäbische Hausfrau« kein Maßstab für den Staatshaushalt ist

Warum der »Trickle-Down-Effekt« nicht das gewünschte Ergebnis bringt

Warum eine Vermögenssteuer reaktiviert werden muss

Es gibt Sätze, die einfach so geschluckt werden. Einer lautet zum Beispiel: »Wir haben leider kein Geld und müssen deshalb sparen.« Ein anderer: »Wir können nur das Geld ausgeben, das wir vom Steuerzahler bekommen.« Beide Sätze sind natürlich totaler Blödsinn, aber bei »konservativen Haushälter:innen« sehr beliebt. Und viele glauben daran.

Meist wird dieses Narrativ ergänzt mit dem kitschig verklärten Erzählbild der »schwäbischen Hausfrau«, die in Kreisen rechts der Mitte immer noch als Synonym für Sparsamkeit gefeiert wird. Als ließe sich der Staat wie ein Haushalt (noch dazu im Schwabenland) führen. Das ist Quatsch. Ich gehe auch gleich näher darauf ein. Damit Sie mich nicht falsch verstehen: Natürlich habe auch ich etwas dagegen, wenn Geld zum Fenster rausgeschmissen wird. Idealerweise sollte es klug investiert und gerecht verteilt werden. Doch hier haben wir bereits zwei sehr relative Begriffe, die es zu definieren gilt und über die politisch gestritten wird: Was ist klug? Was ist gerecht? Das könnten wir jetzt stundenlang diskutieren. Worauf wir uns aber schon jetzt einigen können: Es ist schlicht falsch, den regelrechten Spar-Fetisch wie eine Monstranz vor sich herzutragen und ihn mit besagter Hausfrau etwas menschlicher vermitteln zu wollen. Denn mit dieser Einstellung würgen wir in Deutschland seit Jahren unser Land ab. Fakt ist: Öffentliche Investitionen sind dringend nötig. In den USA beispielsweise hat die Biden-Regierung eindrucksvoll gezeigt, dass sie erheblich dazu beitragen können, einen schnellen wirtschaftlichen Aufschwung zu fördern – wie es die Vereinigten Staaten nach der Corona-Pandemie erlebt haben.

Es ist ja auch Geld für alle da – erst recht in Deutschland, einem der reichsten Länder der der Welt. Es ist nur so wirkmächtig, dass Sparen als grundsätzlich gut gilt und ein Staat tatsächlich wie ein Haushalt oder ein Unternehmen geführt werden sollte. Wie oft fühlen sich Unternehmer:innen dazu berufen, der Politik Ratschläge zu geben? Insbesondere in den USA ist das mit Elon Musk gerade sehr plakativ. Aber: Es macht schon Sinn, dass es an Universitäten zwei separate Studienfächer gibt: Volkswirtschaftslehre (VWL) und Betriebswirtschaftslehre (BWL). Beide haben völlig unterschiedliche Ansätze und Maßstäbe. Und das ist auch sinnvoll, denn – sorry, liebe BWLer:innen und Spar-Füchse: Es kann durchaus sinnvoll sein, dass sich ein Staat verschuldet. Tatsächlich lassen sich diese Schulden strategisch klug einsetzen. Aber das soll hier jetzt keine VWL-Vorlesung werden.

Nein, wir haben kein Geldproblem. Wir haben ein Verteilungsproblem. Und wir bekommen »on top« ein gewaltiges Demokratieproblem, wenn wir immer mehr Geld aus der demokratischen Verfügungsmasse durch »vorteilhafte Steuersysteme« und lobbygetriebene Privatisierungen auf Privatkonten umschichten, damit dann hoffentlich jene Superreichen sich zu Gönnern entwickeln mögen. Feudalismus reloaded.

An dieser Stelle können wir uns fragen, was die Investition in unsere Demokratie wert ist? Ich meine, was ist sie tatsächlich wert? Welches Preisschild können wir daran heften? Das ist sicherlich schwierig, ich weiß. Vor allem in einer Zeit, in der alles auf Effizienz getrimmt wird und Controller in Excel-Tabellen Zahlen hin- und herschubsen. Gibt es ein »Return on

Invest« bei der Förderung von Demokratie mit Steuermitteln? Und wenn er nicht klassisch messbar ist, welche Konsequenz ziehen wir daraus? Die Mittel einfach streichen? Das kann keine Lösung sein.

Dann anders gefragt: Was wäre es Milliardären wert, auch weiterhin in einer stabilen Demokratie zu leben? Mit einem funktionierenden Gemeinwesen, guter Infrastruktur, sicherer Landesverteidigung etc. Vielleicht doch das Reaktivieren der Vermögenssteuer? Ich verstehe nicht, warum in einem der reichsten Länder der Welt so hasenfüßig mit Milliardären umgegangen wird.

Beliebtes Argument, das in diesem Zusammenhang genutzt wird, um von der Wiedereinführung einer Vermögenssteuer abzulenken: Der Staat nehme doch schon genug Geld durch Steuern ein, in den letzten Jahren sogar immer mehr. Die Ausgaben seien viel mehr das Problem. Ehrlich gesagt halte ich diesen Satz für eine große Manipulation. Denn: Was ist »genug Geld«? Verglichen mit den letzten Jahren sollte man schauen, woher dieses Geld kommt. Ein Grund ist, dass wir inzwischen in Deutschland eine recht hohe Beschäftigungsquote haben. Selten waren so viele Menschen in Arbeit wie aktuell, was u.a. die Einnahmen durch Einkommensteuern sprudeln lässt. Auch haben wir durch den Zuzug aus dem Ausland viele Menschen mehr, die bei uns konsumieren. Und das lässt die Umsatzsteuereinnahmen steigen.

Im Gegenzug verändern sich über die Jahre natürlich auch die Ausgaben – und dabei stehen nicht die Ausgaben für Migrant:innen an vorderster Stelle, sondern jene für Rentner:innen. Den Rentenkassen, die über die Jahre in wechselnder politischer Verantwortung angezapft wurden, drohen erhebliche Defizite, wenn sie nicht durch Steuergelder gestützt werden. Die Demografie schlägt hier erbarmungslos zu und wird diese Lage weiter verschärfen. Und angesichts dieser Veränderungen, die absehbar sind, trauen wir uns als Nation nicht, Vermögen höher zu besteuern?

Erst Ende 2024 lies der Chef der Techniker Krankenkasse (TK), Dr. Jens Baas, in einem OMR-Podcast durchblicken, wie schlecht es um die Finanzlage der Krankenkassen in Deutschland bestellt ist. Es fiel von ihm sogar das scharfe Wort »Beschiss« in Richtung Politik – doch der Reihe nach: Die Krankenkassen stehen vor großen Herausforderung, weil sie kaum noch Rücklagen haben. Per Gesetz hatte nämlich der damalige Bundesgesundheitsminister Jens Spahn (CDU) in der Corona-Pandemie die Krankenkassen dazu verpflichtet, ihre Rücklagen abzubauen. Dr. Baas spricht davon, dass von den einst zig Milliarden Euro auf der hohen Kante der TK nur noch ein paar Millionen übrig seien. Dem CDU-Politiker Spahn war das wohl egal – er konnte in seiner Amtszeit so eine »reine Weste« nach außen zeigen und behaupten, dass unter seiner Amtszeit die Krankenkassenbeiträge nicht gestiegen sind. Klar, nur im Hintergrund schmolz der Rücklagenberg wie Schnee in der Sonne. Aber das ist eben die eigenartige Denke von CDU-Größen, wenn es um Wirtschaft geht: Auf Kosten anderer wird da die eigene Bilanz geschönt – und am Ende zahlen es die Bürger:innen. In diesem Zusammenhang sagte Dr. Baas dann tatsächlich, dass es »Beschiss« war, was Spahn da den Versicherten angetan hatte. Den Krankenkassen waren jedoch per Gesetz die Hände gebunden.

Das Ergebnis ist bitter. Sollte es jetzt zu unvorhergesehenen Notlagen kommen, werden viele Krankenkassen in Deutschland nicht mehr einspringen können. Sie sind dann pleite. Die nächste Pandemie etwa, die Expert:innen zufolge angesichts unseres Lebenswandels (Massentierhaltung, Klimakrise, Vordringen in einst zugefrorene Regionen etc.) nicht allzu fern seien, könnte vielen Krankenkassen sozusagen das Genick brechen.

Und wir glauben immer noch, dass wir nicht an das Geld der Vermögenden dürfen, um per Umverteilung den sozialen Frieden zu stabilisieren? Wenn an dieser Stelle jetzt einige Superreiche die große Verschwörung gegen sich wittern und über Kommunismus fantasieren, sei schnell eingeworfen: Ihr Vermögensgewinn war ebenso eine Form der Umverteilung, und zwar über eine, sagen wir, sehr vorteilhafte Steuerpolitik für Superreiche in Deutschland. Wer kaum noch Steuern zahlen muss, der wird natürlich schneller reich.

Ich schrieb es kürzlich in den sozialen Kanälen: Nirgendwo sonst in der EU wird Arbeit so hoch und gleichzeitig Geld so niedrig besteuert wie in Deutschland. Das ist kein Naturgesetz, sondern politisch über die Jahre so betrieben worden. Es ließe sich also ändern, wenn man nur wollte. Und ja, es mag verrückt klingen: Wir müssen es nicht immer von den Armen (Steuern auf Arbeit) nehmen, wir können genauso gut bei den Reichen (Steuern auf Reichtum) ansetzen. »Aber Herr Raschke, wenn es den Reichen gut geht, fällt doch für uns alle etwas ab.« Dieser »Trickle-Down-Effekt«, der einer Pyramide aus Sektgläsern ähnelt, hat sich längst als überholt erwiesen. Die Idee dahinter: Wenn man oben Sekt eingießt, läuft das oberste Glas irgendwann über und die darunter stehenden Gläser füllen sich quasi von selbst.

Nun wurde das oberste Glas über die Jahre immer bauchiger und voluminöser. Es schwappte also zu wenig auf die anderen Gläser über. Allein schon, weil das oberste Glas auch bestimmen konnte, wie viel überhaupt überschwappen soll. »Aber wie sollen wir denn das alles finanzieren, was die Grünen vorschlagen?« Ganz ehrlich und erst einmal unabhängig davon, welche Partei was zu finanzieren hat: Wir könnten sofort 100 Milliarden Euro für den Haushalt auftreiben (knapp ein Viertel des Bundeshaushaltes) – und da sind noch nicht die 100 Milliarden Euro berücksichtigt, die dem Staat jährlich durch Steuerhinterziehung entgehen (dann hätten wir sogar 200 Milliarden Euro).

Wie bekommen wir die ersten 100 Milliarden Euro?
1. Einführung einer Finanztransaktionssteuer: Diese »Umsatzsteuer« für den Börsenhandel tut niemandem weh, bringt aber eine Menge ein. Laut der Initiative Finanzwende könnten bei einem Steuersatz von 0,1 Prozent jährlich 12 Mrd. Euro zusammenkommen.
2. Erhebung einer Vermögenssteuer für Superreiche: Wenn wir Steuersätze einführen, wie sie in den USA, Großbritannien oder Frankreich üblich sind,

kommen wir laut DIW auf zusätzliche 80 bis 120 Milliarden Euro. Tut auch keinem weh.

Deshalb steht bei der Bundestagswahl in der Tat eine Richtungsentscheidung an: Woher nehmen wir das Geld – von denen unten? (Dann eher rechts wählen.) Oder von denen oben? (Dann eher links wählen.)

Es ist vor diesem Hintergrund immer wieder erstaunlich zu sehen, dass man in Deutschland mit einer Politik, die für viele von Vorteil wäre (nämlich eher linke), keine Wahl gewinnen kann, während eine Politik für die oberen Zehntausend (nämlich eher rechte) in den Umfragen bestens dasteht. Und sogar so stabil zu sein scheint, dass sich die besagten oberen Zehntausend zu immer wieder neuen, obskuren Ideen hinreißen lassen.

Ich möchte dabei nur am Rande auf die drei namhaften Start-Up-Investoren rund um »Höhle der Löwen«-Promi Frank Thelen eingehen, die kürzlich mehr oder weniger unverhohlen vorgeschlagen haben, die CDU solle mit der AfD an die Macht. Diese für mich ekelerregende Forderung ist an Naivität und Geschichtsvergessenheit kaum zu überbieten – und nur mit »Gier frisst Hirn« zu erklären.

Man sollte wissen, dass Thelen vermutlich noch etwas verschnupft ist, weil einige Zeit zuvor die Bundesregierung eine Förderung der Entwicklung von Flugtaxis abgelehnt hatte. Ausgerechnet in dieses Projekt hatte Thelen aber investiert – und bereits im Jahr 2021 vorsorglich die FDP mit einer großen Parteispende von einer halben Million Euro bedacht.[21] Es liegt daher nahe, dass er aus Frust nun in die rechte Richtung ausschlägt – wohl wissend, dass CDU und AfD alles andere als progressiv unterwegs sind und in Deutschland eher die Vergangenheit zurückholen wollen, statt die Zukunft einzuleiten.

Ich finde einen Teil der Argumentation dieser drei privilegierten Reichen sehr bezeichnend, weil er auch in anderen Diskussionen immer wieder durchscheint. Sinngemäß lautet er: Man müsse einfach nur jene Teile der AfD, die gesichert rechtsextrem seien, nicht ans Ruder lassen. Es gäbe doch auch »Vernünftige« in der AfD.

Das heißt – in Anlehnung an den treffenden Vergleich von Hape Kerkeling: Es soll also möglich sein, in einem Glas am Kloakenwasser vorbei nur die noch reinen Wassermoleküle zu trinken? Eine Vorstellung, die belustigt, wenn sie nicht so traurig wäre.

Auch ist es mitnichten so, dass nur Höcke als Person das Problem ist. Er hat die Macht in der Partei, weil er eine Struktur und Menschen nach seiner Ideologie aufgebaut hat. Eine Weidel oder ein Chrupalla sind da eher Marionetten ohne wirkliche »Hausmacht«; sie dienen quasi als Ablenkung, wenn man Angst vor der eigentlichen Spritze hat. In diesem Zusammenhang kann ich die Arbeit des Soziologen Andreas Kemper sehr empfehlen. Er hat in vielen Podcasts die innere Struktur der AfD seziert und kennt die Strömungen und Machtfaktoren der Partei sehr genau.

---

[21] https://www.faz.net/aktuell/wirtschaft/unternehmen/thelen-und-gruender-spenden-halbe-million-euro-an-die-fdp-17416946.html

Aber kommen wir noch mal auf die drei Start-up-Investoren zurück. Würden ausgerechnet die in etwas investieren, bei dem z.B. 50 Prozent der Belegschaft ein erhebliches Risiko tragen, dass die Geschäftsidee crasht? Eben, würden sie nicht. Sie würden den Gründern empfehlen, sich von diesen Risiken klar zu trennen. Und ausgerechnet bei der AfD sollen wir blind darauf vertrauen, dass die schon wissen, wer das Risiko in der Partei ist, und diesen dann isolieren?

Nun ist unsere Demokratie längst kein Start-up mehr. Sie ist in die Jahre gekommen und wird von einigen Seiten angegriffen. Aber wir müssen jeden Tag in sie investieren – und das geht nur, um es in der Sprache von Investoren zu sagen, wenn unser Businessplan vorsieht: niemanden an die Macht lassen, der die Demokratie abschaffen will. Ansonsten ist der »Return on Invest« schneller futsch als man das Wort »Flugtaxi« aussprechen kann.

Währenddessen können wir im Stadtstaat Berlin derzeit live erleben, wie eine CDU-geführte Landesregierung die Axt anlegt, wenn es an Einsparungen geht. Geld werde es demnächst deutlich weniger geben, das sei mal klar. Viele Initiativen aus den Bereichen Kultur, Demokratieförderung oder Bildung, die auf staatliche Zuschüsse angewiesen sind, werden bereits nervös. Da geraten freie Bühnen in Schieflage, Integrationskurse oder Jugendprojekte zur Aufklärung über Politik sowieso. Und ich frage mich: In einem der reichsten Länder der Welt kürzen wir ausgerechnet dort, wo wir es gerade am nötigsten brauchen? Was glauben wir denn, wo wir Demokratie am ehesten fördern können?

Wir müssen uns von dem Gedanken verabschieden, dass Gesellschaften effizient funktionieren. Sie sind eben keine Unternehmen. Und selbst in Unternehmen gibt es immer wieder Ineffizienzen und sogar Verschwendung. Das gehört dazu. Investitionen in Zukünftiges tragen immer das Risiko, dass sie misslingen. Aber nur so entsteht Fortschritt. Wir können jedoch etwas daran ändern, dass Gesellschaften unfair und unsozial sind. Es kann zudem nicht sein, dass derjenige, der mit Glück und Privilegien dank dieser Gesellschaft zu viel Geld gekommen ist, sich jetzt seiner Verantwortung für diese Gesellschaft entzieht. Am fairsten sind in dieser Hinsicht Steuern, über deren Verwendung wir dann demokratisch entscheiden. Wir können schließlich nicht davon ausgehen, dass sich Milliardäre automatisch zu Mäzenen für das entwickeln, was wir als Gesellschaft gerade am dringendsten brauchen.

Und wenn dann ein Finanzminister wie Christian Lindner in seiner Amtszeit die Medienschlagzeile einer Korrektur der Steuerschätzung für die nächsten Jahre (die Korrektur lag übrigens absolut im üblichen Rahmen) zum Anlass nimmt, um bei Bürgergeld & Co. zu holzen, dann sehen wir: Nicht das Geld an sich ist das Problem, sondern die Menschen, die auf ihm sitzen.

Frauen, Migration & Co.

Sprengstoff für den Wahlkampf

 Was Sie in diesem Kapitel erfahren:

Warum Migration keine wirkliche Sorge der Menschen ist

Warum die Kriminalstatistik viele »blinde Flecken« hat

Warum Merz als der »deutsche Trump« bezeichnet werden kann

Ist das nicht widersinnig? Da hat eine Stiftung (den Namen verrate ich gleich) in einer Umfrage herausgefunden, dass die Menschen in Deutschland gar nicht so viel Angst vor Migration haben (36 Prozent). Viel, viel höher liegt dieser Wert bei der Angst vor Fremdenfeindlichkeit (63 Prozent) sowie die Angst davor, dass die AfD mehr Macht bekommt (62 Prozent).

Nun könnte man denken, dass dies wieder so eine Stiftung ist, die »nur woken Mist« veröffentlicht, weil sie von »linksgrünversifften« Meinungsmachern unterstützt wird. Doch nein, die Zahlen kommen quasi direkt aus der Herzkammer des deutschen Konservativismus, nämlich von der Konrad-Adenauer-Stiftung, also der »Haus- und Hof-Stiftung« der CDU.

Das hindert aber die CDU nicht daran, weiterhin die »Hetzkammer« zu sein. So hatte der »deutsche Trump«, Friedrich Merz, im Oktober 2024[22] bei Caren Miosga eine Zahl (ohne jede Quelle oder Bezug) rausgehauen, die mich einmal mehr am Verstand dieses Mannes zweifeln lässt: 90 Prozent der Frauen hätten Angst, sich nachts auf die Straße bzw. in die Innenstädte zu begeben. Er wirft also die Behauptung in den Raum, dass quasi keine Frau nachts mehr sicher in Deutschland ist. Und schon wabert es unausgesprochen durch den Raum: Die bösen Migrant:innen sind schuld.

Und falls das so wäre, was will Merz dagegen tun? Es ist die übliche Trias, wie man sie von rechten Hetzern kennt, die sich vor komplexen Aufgaben drücken:

---

[22] https://www.daserste.de/information/talk/caren-miosga/sendung/fortschritt-oder-rueckschritt-100.html

mehr Polizeipräsenz, »härteres Durchgreifen« und das Eindämmen der »sehr stark ansteigenden Ausländerkriminalität«. Mal abgesehen davon, dass der Arbeitskräftemangel längst die Polizei erreicht hat und die Demografie in den nächsten Jahren auch dort keine wundersame Polizeikräfte-Vermehrung herbeiführen wird: Wenn er tatsächlich die »sehr stark ansteigende Ausländerkriminalität« aus der polizeilichen Kriminalitätsstatistik abgelesen haben will, dann dürfen wir ganz offen feststellen: Merz hetzt auf Basis »gefühlter Fakten« und macht damit seinem Beinamen »deutscher Trump« alle Ehre. Politikwissenschaftler:innen sind sich weitgehend einig, dass man rechten Populismus am besten bekämpft, indem man andere Themen setzt, nicht indem man sich die Aussagen der Populist:innen selbst aneignet.

Übrigens, googeln Sie doch einmal, welchen nachweislichen Bias bzw. welche blinde Flecken die Kriminalitätsstatistik aufweist, sodass selbst angesehene Wissenschaftler:innen sie für wenig aussagekräftig halten. Es gibt so viele relevante Kritikpunkte, dass man sich insgeheim wirklich wundert, warum diese Statistik überhaupt noch veröffentlicht wird. Um nur einige Punkte zu nennen: In die Kriminalstatistik werden z.B. nur Fälle aufgenommen, die tatsächlich angezeigt bzw. entdeckt werden. Wir wissen aber, dass viele Verbrechen (z.B. Vergewaltigung in der Ehe) oft nicht angezeigt werden, weshalb z.B. die Anzahl der Vergewaltigungen samt Täterprofilen in der Statistik kaum eine stabile Aussage über das Vergehen ermöglichen. Auch werden in dieser Statistik Täter als »ausländisch« geführt, die nur für die Tat nach Deutschland kamen. Gerade in Grenzregionen ist das allerdings oft so: Ein Täter kommt z.B. für einen Einbruch nach Deutschland, will eigentlich wieder in sein Heimatland zurück – wird aber geschnappt. In der Statistik gilt er dann als jemand mit Migrationshintergrund. Besagen diese Fälle aber etwas darüber, wie kriminell die hier lebenden Menschen mit Migrationshintergrund sind? Nein, dennoch nutzen rechte Kräfte diese Zahlen für genau solche Aussagen.

Am deutlichsten wird die Kritik an der Aussagekraft der Kriminalitätsstatistik sicherlich, wenn man sich vor Augen führt, dass die dort aufgeführten Fälle nicht bedeuten, dass die Verdächtigen auch tatsächlich verurteilt werden. Denn noch einmal: Hier sind nur die angezeigten Fälle aufgelistet – nicht die Täter:innen, die sich tatsächlich (gerichtlich erwiesen) strafbar gemacht haben.

Man könnte sich als Politiker:in den »Sorgen und Ängste der Menschen« widmen und sie ernst nehmen. Betrachten wir hierzu eine weitere Studie, die der Frage nach der größten Angst der Menschen nachgegangen ist. Die Versicherung R&V kommt in ihrer alljährlichen Umfrage zu dem Ergebnis, dass sich die Menschen am meisten vor steigenden Lebenshaltungskosten fürchten.[23] Der Schlüssel sind also Wirtschafts- und Sozialfragen – allerdings sind die natürlich nicht so schlagzeilenträchtig.

Vielleicht sind Sie gerade innerlich zusammengezuckt, als ich etwas weiter oben Merz als den

---

[23] https://www.ruv.de/newsroom/themenspezial-die-aengste-der-deutschen

»deutschen Trump« bezeichnet habe. Vielleicht haben Sie gezögert, diese Bezeichnung so anzunehmen. Sollte dies der Fall sein, hier kurz eine Erklärung, warum der Vergleich durchaus treffend ist – mal angesehen davon, dass die CDU seit langem einen strategischen Austausch mit den Trumpisten der Republikaner pflegt und erst kürzlich in Berlin eine gemeinsame Konferenz mit eben diesen Trumpisten[24] angehalten hatte:

1. Merz agiert rechtspopulistisch aus der Opposition heraus und trägt damit erst mal wenig politische Verantwortung (wie einst Trump).
2. Merz sollte längst in Rente sein. Er ist ein Mann der Vergangenheit (wie Trump).
3. Merz hat ein fragiles Ego und ein geradezu feudalistisches Verständnis von Menschenführung[25] (wie Trump).
4. Merz produziert eine Fake-News nach der anderen[26] und ist nicht bereit, dies einzusehen. Eine respektvolle Debatte ist nicht möglich (wie bei Trump).
5. Merz hat ein – formulieren wir es vorsichtig – sehr antiquiertes Bild von Frauen[27] (wie Trump).
6. Merz hat etwas gegen sexuelle Selbstbestimmung[28] (wie Trump).

---

[24] Konferenz in Berlin bringt Trumps Maga-Republikaner mit der CDU zusammen; Redaktionsnetzwerk Deutschland, 13.08.2024

[25] Friedrich Merz - Der Spalter der Fraktion, ZEIT, 27.11.2018

[26] »Copy-Paste bei der AfD« - Kritik an Falschaussagen von Merz, BR, 29.09.2023

[27] Friedrich Merz ist für die meisten Frauen unwählbar geworden, Handelsblatt, 19.10.24

[28] Merz warnt vor »gesellschaftlichem Großkonflikt« um Paragraf 218, ZEIT, 09.04.2024

7. Merz will zahlreiche Lebensstile, die die CDU als »woke« bezeichnet, bekämpfen (wie Trump).
8. Merz hat seine Partei nach rechts radikalisiert. Gemäßigte wie Hendrik Wüst oder Daniel Günther wurden kalt gestellt, während Rechtsradikale der Union wie Spahn, Frei und Linnemann sowie Rechtsextreme der AfD aufblühen (wie bei Trump)
9. Merz hetzt auf niederste Art gegen Migrant:innen und will weitreichende Rechte (sogar auf EU-Ebene) außer Kraft setzen (wie bei Trump).
10. Merz will bei den Armen weiter kürzen und den Reichen möglichst viele Steuern erlassen. Er selbst hat ausgesorgt und keine Ahnung von den Nöten der Menschen (wie bei Trump).

Ja, und dann ist dieser Merz eben auch in zahlreiche Skandale und Lobby-Aktionen verstrickt, die an seiner Integrität für ein politisches Amt zweifeln lassen. Und damit meine ich mehr als seine Zeit als Deutschland-Aufsichtsrats-Chef bei der Kapital-Heuschrecke BlackRock. Stellen wir uns einmal vor: Jemand, der (sagen wir) vor Gericht einen Angeklagten als Anwalt vertritt, ist gleichzeitig Mitglied im Verein der Richter – und damit quasi Teil der Richterbank. Geht nicht, sagen Sie? Ein Interessenkonflikt? Das findet auch der Verfassungsrechtler Hans Herbert von Armin, der Friedrich Merz für einen ähnlichen Fall scharf kritisiert hat. Worum ging es?

2006 trat Merz als Anwalt bei einer Sitzung der CDU-Landesgruppe NRW im Bundestag auf, um das Kohleunternehmen RAG beim anstehenden Börsengang zu vertreten. Er war also für die RAG tätig, jedoch – und das ist pikant – zur gleichen Zeit Mitglied dieser Landesgruppe, bei der er für den Börsengang werben sollte. Die Organisation LobbyControl hat über diesen Vorgang jüngst berichtet.

Stellen wir uns außerdem vor, jemand ist Teil einer Bank und berät gleichzeitig einen Fonds, der diese Bank retten soll. Auch das hat Merz getan, ohne darin einen Interessenkonflikt zu sehen. Er hatte von 2010 bis 2019 ein Aufsichtsratsmandat bei der Bank HSBC Trinkaus und Burkhardt und beriet gleichzeitig den Bankenrettungsfonds SoFFin. Zudem war HSBC in die Cum-Ex-Geschäfte verwickelt, durch die dem Staat Milliardeneinnahmen durch Steuertricks verloren gingen, wie LobbyControl berichtet. Merz, der als Aufsichtsrat (!) tätig war, behauptet, nichts von diesen Vorgängen mitbekommen haben. Das alles ist maximal unglaubwürdig und unseriös.

Ebenso dubios ist, dass Merz jahrelang Spitzenpositionen im »Wirtschaftsrat der CDU« innehatte. Der »Wirtschaftsrat«, der sogar im Parteivorstand der CDU sitzt, ist ein knallharter und undurchsichtiger Lobby-Verband, der Konzernen privilegierte Zugänge in die CDU ermöglicht. Völlig undemokratisch, an vielen Kontrollen vorbei. Geht es hier etwa nicht um das Beste für das deutsche Volk, sondern für Unternehmen, die sich Zugang zur Macht erkaufen?

Weil der Wirtschaftsrat aufgrund seines Dauergaststatuses im Parteivorstand rechtswidrig ist, wurde die CDU jetzt verklagt. LobbyControl hatte dies in einem ausführlichen Rechtsgutachten untersuchen lassen. Am 6. Dezember 2024 fand die Verhandlung beim Landgericht Berlin statt, die jedoch aus formalen

Gründen erst einmal abgewiesen wurde. Wohlgemerkt aus formalen, nicht aus inhaltlichen Gründen.

Halten wir fest: Wer Merz wählt, wählt nicht im Interesse von uns Bürgerinnen und Bürgern, sondern ebnet skrupellosen Konzernbossen ungeniert den Weg ins Kanzleramt. Dort geht es dann um ihre Gewinnmaximierung und nicht darum, wie es uns allen geht.

Wo wir gerade bei den Interessen von uns Bürger:innen sind: Rund 50 Prozent der Menschen in Deutschland müssten allein schon aufgrund ihres Geschlechts ein Problem mit dem Weltbild der CDU unter Merz haben. Und ich frage mich in der Tat, wie es sein kann, dass es in der CDU eine sogenannte Frauen-Union gibt. Bei genauerer Betrachtung ist diese dann allerdings geprägt von dem, was man unter »White Feminism« zusammenfassen kann: Privilegierte weiße Frauen, die für privilegierte weiße Frauen Politik machen wollen. Spoiler: Das hat nichts mit wirklichem Feminismus zu tun.

Geht es um das Frauenbild von Menschen mit Migrationserfahrung, ist Merz sich stets sehr sicher. Es sei »nicht mit unseren Werten vereinbar« und respektlos. Eben der Grund dafür, dass Frauen Angst hätten, nachts allein auf die Straße zu gehen, so sein Narrativ. Nun weiß ich nicht, was einem mehr Angst macht: ein alter Mann, der pauschal Millionen Menschen den Respekt vor Frauen abspricht, oder dass eben dieser Mann selbst von Frauen und ihrer Kompetenz wenig hält, aber in Deutschland eine Werte-/Leitkultur nach seinem Weltbild bestimmen will?

Wenn dann das PR-Team dieses Mannes nervös wird und schnell »was mit Frauen« posten will, um einen Shitstorm abzufedern, ist es bezeichnend, dass offensichtlich kein wirklich passendes Bild zu diesem Thema im CDU-Bilderpool zu finden ist – und stattdessen eines von einer beliebigen Kommunal-Tagung mit Frauen gewählt wird. Auf dem Foto wird dann aber der Name der Partei durch Mikrofone verdeckt und der Redner am Pult ist unscharf und unkenntlich abgeschnitten. Als wolle der Mann sich nicht wirklich mit dem Frauenthema in Verbindung bringen lassen. Einen fast 70-Jährigen bekommt man halt nicht mehr in seinem Weltbild verändert.

Friedrich Merz ist für jede Form der Frauenförderung und Frauenbewegung eine Zumutung. Da hilft es auch nicht, dass sich seine Partei als Feigenblatt dem Thema »Menopausen-Strategie« im Bundestag widmet. Ich kann mir lebhaft vorstellen, wie das bei Merz und seinen Strategen ankam: »Haha, Meno-Waaaaas? Na ja, Hauptsache, wir können sagen, wir machen da irgendwas mit Frauen. Aber es darf nichts sein, was tatsächlich eine Chance hat, dass wir es umsetzen müssen. Den Rest können wir dann wieder vernachlässigen.« Und leider springen einige Frauen darauf an, in der Hoffnung, dass endlich ihr Thema Gehör findet. Aber wie kann es sein, dass man tatsächlich glaubt, die Union unter Merz biete Lösungen für Frauen?

Jede Frau, die in Deutschland sicher sein will, darf eines nicht tun: sich von halbgaren Versprechungen eines erwiesenermaßen Fake-News- und Hetz-Fabrikanten vor den Karren spannen lassen. Das dient einzig der Union, sicher aber (bei allem vorhandenen Engagement dieser Frauen) nicht dem eigenen Geschlecht.

Wohlstand und Leistung.

Aber neu definiert

Was Sie in diesem Kapitel erfahren:

Warum sich gesellschaftlich relevante Leistung nicht am Gehalt ablesen lässt

Warum Wohlstand ohne Leistung möglich, aber gefährlich für den sozialen Frieden ist

Warum der Pflegenotstand der kommenden Jahre die Wirtschaft nachhaltig verändert

Die Rufe nach einer Rettung des deutschen Wohl-
standes sollen vor allem eines erzeugen: Panik.
Schließlich soll den Deutschen etwas weggenommen
werden, wie da zwischen den Zeilen herauszuhören
ist. Von wem? Das bleibt ungewiss – und ist strategisch genauso gewollt. Denn so kann man immer
wieder anderen den »Schwarzen Peter« zuschieben:
mal den Menschen mit Migrationshintergrund, mal
den Bürgergeld-Empfangenden, mal den Russen etc.

Keine relevante Stimme in Deutschland wagt es die
Frage zu stellen, was eigentlich dieser »Wohlstand«
genau ist. Ähnliches könnte man auch beim Wort
»Leistung« fragen, das immer wieder in aufgeheizten
Debatten auftaucht: Leistung muss sich lohnen. Ach,
ja? Was sagen wir denn zu fast einer Million Privatiers
in Deutschland, die nicht mehr arbeiten müssen, weil
sie von den Gewinnen ihrer Investitionen leben? Jetzt
könnten Sie entgegnen: »Aber die haben doch bestimmt viel geleistet, dass sie jetzt so leben können.«
Dann frage ich anders: Was haben eigentlich jene geleistet, die erben? Wir leben in Zeiten, in denen allein
in Deutschland pro Jahr rund 400 Milliarden Euro
vererbt oder verschenkt werden, wie Forscher:innen
vom Deutschen Institut für Wirtschaftsforschung
(DIW) und dem Wirtschafts- und Sozialwissenschaft-
lichen Institut (WSI) schätzen. Zum Vergleich: Der
gesamte Bundeshaushalt für das Jahr 2024 lag bei
etwa 480 Mrd. Euro. Welche Leistung haben Erben
vollbracht – außer Sohn oder Tochter zu sein? Wer
erbt, zeigt: Wohlstand ohne Leistung ist möglich.

Wenn wir uns aber darauf einlassen, diese Men
schen aus der Leistungsdebatte auszuklammern,

dann müssen wir uns nicht wundern, dass wir eine zunehmende Spaltung der Gesellschaft erleben. Eine Spaltung, die noch verschärft wird durch Rufe nach Mehrarbeit und Anhebung des Rentenalters.

Ist das nicht witzig – wir ergeben uns weitgehend widerstandslos diesen Forderungen. Dabei akzeptieren wir einen Wohlstands- und Leistungsbegriff, wie er vielleicht noch für die 1990er Jahre passte, als viele Menschen im Arbeitsleben standen und der Konsum auch noch nicht so ausgereizt war wie heute. Inzwischen gilt doch immer mehr der Satz, den ich einst beim Kabarettisten Volker Pispers gehört habe; sinngemäß geht er so: Wir geben Geld für Dinge aus, die wir nicht brauchen, um Leute zu beeindrucken, die wir nicht mögen. Und das tun wir mit Geld, das wir entweder nicht haben (Kredite) oder für das wir uns richtig krumm gemacht haben.

Vielleicht ist es daher an der Zeit, den Wohlstands- und Leistungsbegriff an das 21. Jahrhundert anzupassen und auf der sich geänderten demografischen Karte neu zu vermessen. Care-Arbeit ist absolut fundamental, ja sie wird wichtiger und gehört entsprechend in den Leistungsbegriff. Wenn wir künftig immer weniger Pflegeplätze haben, weil in den nächsten fünf bis zehn Jahren jede dritte Pflegekraft in Rente geht, dann werden wir erleben, dass die im Arbeitsmarkt verbliebenen Menschen in Teilzeit arbeiten müssen, um sich um ihre Eltern oder Großeltern zu kümmern. Ist das keine Leistung, die eigenen Verwandten zu versorgen? Und wie werden wir es vermittelt bekommen, dass durch immer mehr Teilzeit letztlich auch die Leistungsfähigkeit der deutschen Wirtschaft zurückgeht – wenn wir die Lücken nicht durch Digitalisierung oder Ähnliches auffüllen können? Mein Tipp: Das wird in Summe nicht gänzlich gelingen, weil Deutschland da viel zu sehr hinterherhinkt.

Und wenn wir Wohlstand weiterhin so definieren, dass ein bis zwei Autos, drei bis vier Flachbildschirme und zwei bis drei Urlaube im Jahr pro Familie nicht genug sind, dann werden wir dauerhaft in die Ressourcenfalle laufen. Denn auch wenn die Prediger des ewigen Wachstums anderer Meinung sind: Wachstum dieser Art ist nicht unendlich. Da mögen einige noch so fest daran glauben. Schon der Club of Rome hat in den 1970er Jahren die Grenzen des Wachstums benannt. Allmählich holen sie uns ein – in Form von Klimakrise, Kriegen und Krankheiten.

Vor diesem Hintergrund ist es geradezu bizarr, dass die CDU im Bundestagswahlkampf 2025 mit einem Programm antritt, dass sie rein durch Wachstum realisieren will. Natürlich ist dieser Schachzug geschickt gewählt, denn wenn der Wähler nicht fleißig genug ist, um für Wachstum zu sorgen, dann ist natürlich nicht die CDU schuld, dass ihr Programm nicht umgesetzt wurde, sondern der Wähler. Es ist wie so oft bei der CDU: Die Wähler:innen sind die Dummen. Aber halten wir hier doch kurz mal inne: Wie wahrscheinlich ist es, dass die deutsche Wirtschaft außergewöhnlich stark wachsen wird? Wir haben zum einen die in diesem Buch bereits vielfach erwähnte demografische Entwicklung, die dazu führt, dass Unternehmen kaum noch Personal finden. Das wird sich zwangsläufig auf die Produktivität auswirken.

Da können die vorhandenen Mitarbeitenden noch so viel zusätzlich arbeiten. Hier kann ich übrigens nur den Wirtschaftsexpert:innen der CDU/CSU wärmstens den Unterschied zwischen Arbeit und Produktivität ans Herz legen. Nur deshalb, weil Merz, Söder, Linnemann und Co. in nahezu jeder Rede zu mehr Fleiß und Überstunden aufrufen, ist Wachstum keinesfalls die Folge. Wenn sie dann noch Überstunden finanziell belohnen wollen, dürfen wir folgenden Effekt erwarten: Zahlreiche Mitarbeitende machen massig Überstunden, indem sie ihre Aufgaben einfach strecken, um von den Überstunden zu profitieren. Es findet also keine Mehrarbeit statt, sondern die gleiche Arbeit in einem Mehr an Zeit.

Abgesehen davon sind die Deutschen bereits heute Spitzenreiter bei Überstunden. Pro Jahr werden in Deutschland über 1,3 Milliarden Überstunden gemacht, die Hälfte davon unbezahlt.[29] Würde man diese Überstunden in Jobs umrechnen, könnten wir rund 800.000 Menschen mehr in Arbeit bringen. Wir sehen also allein an diesen Zahlen: Es mangelt weder an Überstunden noch an Arbeit.

Mangel hatten wir kurzzeitig eher auf dem Feld der billigen Energie: Als Russland seinen Angriffskrieg auf die Ukraine startete, stand Deutschland mit einem Male vor fast leeren Gasspeichern. Die CDU-Regierung unter Merkel hatte sich blind darauf verlassen, dass die billige Energie nahezu endlos aus Russland nach Deutschland strömt. Dem war nicht so – und falls man Medienberichten glauben darf,

---

[29] https://www.tagesschau.de/wirtschaft/arbeitsmarkt/arbeit-deutschland-ueberstunden-100.html

dann schrammte Deutschland damals haarscharf an einem absoluten Blackout vorbei. Putin wollte Deutschland eiskalt ins Chaos stürzen.[30] Zwei Whistleblower aus Russland informierten die Bundesregierung jedoch rechtzeitig und so konnte damals Wirtschaftsminister Robert Habeck (Die Grünen) schnell reagieren.

Und dann erlebt Deutschland derzeit auf internationaler Bühne, dass sich die USA und China (wichtige Absatzmärkte für die Exportnation Deutschland) zunehmend abschotten. Es darf also vermutet werden, dass auch das die deutsche Wirtschaft empfindlich treffen wird.

Wie soll also vor diesem Hintergrund ein Wahlprogramm auf Wachstum basieren können? Sie werden mir sicherlich recht geben, wenn ich sage: Das ist absolut naiv geplant. Und: Das hat mit Wohlstand im 21. Jahrhundert nicht mehr viel zu tun.

Wohlstand muss ständig neu ausgehandelt werden. Ist es nicht auch Wohlstand, in Frieden zu leben? Oder weitgehend gesund und gut sozial versorgt? Dass einige Parteien, wie etwa die CDU, den Anspruch auf exklusive Deutungshoheit zu Wohlstand erheben und gleichzeitig den Weg ins reaktionär Ewig-Gestrige beschreiten wollen, sollte uns Sorgen machen. Fortschritt war per Definition schon nie konservativ, immer aber progressiv. Wir können uns keine Bremser mehr erlauben – angesichts der Gewalt

---

[30] https://www.handelsblatt.com/politik/deutschland/das-gazprom-komplott-so-entging-deutschland-knapp-einem-blackout-/29533678.html

und Mannigfaltigkeit der Veränderungen, die auf uns hereinprasseln.

Jemand, der eigentlich als Teil der »Fortschrittskoalition« 2021 gestartet ist, weiß das zu gut. Und doch hatte sich Christian Lindner bekanntermaßen in den Jahren nach der letzten Bundestagswahl für einen anderen Weg entschieden. Was passiert, wenn plötzlich Menschen mit gestrigem Denken an den Schalthebeln der Macht sitzen, konnten wir gut bei der FDP beobachten. Die Partei selbst würde das sicherlich anders sehen.

Geisterfahrer nämlich eint eine Sache: Sie glauben nicht daran, dass sie in die falsche Richtung fahren. In ihrer Wahrnehmung sind es die anderen, die die Regeln brechen. So ähnlich musste man sich dann wohl auch die Verfasstheit der FDP am Tag 1 nach dem Rausschmiss aus der Ampel vorstellen. Kleine, trotzige Bengel, die immer noch keinen Regelbruch einsehen wollen: »Die anderen haben aber mit Sand geworfen«.

Erinnern wir uns: Die Bilanz der FDP ist von Tag 1 der Koalition eine Katastrophe, weil sie »Opposition in der Regierung« spielte. Egal, ob Verkehr, Justiz, Finanzen oder Bildung: Gerade in den FDP-Ressorts ging nichts wirklich voran; der Begriff »Fortschrittskoalition« wurde durch die FDP ad absurdum geführt. Lindner hat den Fortschritts-Motor abgewürgt, wo er nur konnte. Sturheit wird seither in „F.D.P." gemessen: Fast Drei Promille – es kann nur so sein, dass Alkohol geflossen sein muss, bei diesem ganzen Stuss der Freien Demokraten.

Liberal bedeutete unter Lindner: frei von Verantwortung, frei von Verstand und frei von Verlässlichkeit. Ja, »frei drehen« bekam plötzlich eine politische Bedeutung. Schade um eine Partei, die so viel Potenzial hat, aber durch einen Posterboy im Würgegriff gehalten wird – jemanden, der lieber dem Alt-Kader der Partei als den progressiven Neu-Kräften die Stange gehalten hat.

Nun hat Lindner sein Ego mit großem theatralischem Vorlauf (»Herbst der Entscheidung«) dem vorgezogen, was so dringend nötig wäre: nämlich Geschlossenheit zu zeigen angesichts der aufziehenden zweiten Amtszeit von Trump. Lindner liefert Deutschland mit seinem leichtfertigen Schritt einem unkalkulierbaren Mann aus, der ziemlich unverhohlen gesagt hat, dass er Deutschland klein machen wolle. Zugleich lässt er die Menschen in der Ukraine auflaufen, weil nun keine geschlossene Unterstützung mehr möglich ist; ein unverantwortliches Sicherheitsrisiko für ganz Europa. Was waren dann eigentlich seine Beteuerungen wert, dass er der Ukraine zur Seite stehe?

Nun wirft Lindner ja Scholz vor, er habe den Rauswurf kalkuliert. Seltsam, da Scholz alles andere als sicher in eine Wiederwahl geht. Wir können eher festhalten: Lindner hat so viel Murks gebaut, dass Scholz am Ende erkennen musste: Lieber nicht regieren als mit den Falschen regieren.

Lindner wird weich fallen. Und natürlich sowieso keine Schuld bei sich sehen. Es ist wie bei Geisterfahrern: Man muss sie abrupt aus dem Verkehr ziehen, bevor sie noch größeren Schaden anrichten. Und selbst dann bleiben sie meist uneinsichtig. Die anderen sind schuld. Ich empfehle der FDP, es den Grünen nachzumachen und den Vorstand der Partei einmal komplett auszutauschen. Ansonsten wird FDP auch zum Kürzel für das Wahlergebnis: Fast drei Prozent.

Wenn nun ausgerechnet die FDP erklären möchte, dass Deutschland wieder mehr Leistung braucht, dann sage ich: Wenn Lindner anpackt, ist das, als ob drei loslassen. Also danke, kein Bedarf für diese Art von Leistung.

Es gibt nur einen Platz für die CDU.

Und der wird ihr nicht gefallen

 *Was Sie in diesem Kapitel erfahren:*

Warum die CDU in der Opposition eine wichtige Filterfunktion erfüllt

Warum sich Größenwahn schnell verzwergen wird

Warum am Ende die AfD von allem profitieren könnte

Man stelle sich vor: Eine ehemalige Volkspartei (CDU) in Deutschland, die lange Zeit die kommunistische Plattform innerhalb der Linken gescheut hat wie der Teufel das Weihwasser und deshalb einen Unvereinbarkeitsbeschluss verabschiedet hatte, erlebt derzeit ihre Kernschmelze. Sie koaliert in Thüringen mit eben dieser Plattform, die inzwischen BSW heißt. »Ja, aber was sollen wir machen, lieber die AfD an die Macht?«, höre ich sie rufen. Erschreckend, wie schnell die CDU Schachmatt gesetzt sein wird. Mit dem BSW zu koalieren bedeutet, die Rechten in der Partei zu vergraulen und den Kniefall vor Moskau zu wagen (was quasi eine offizielle Standleitung für sensible Sicherheitsinfos an den Kreml bedeutet). Es nicht zu tun, heißt Minderheitsregierung – getrieben durch die AfD und das BSW. In beiden Fällen kann die CDU nur verlieren. Einzig sie selbst wird denken, dass sie ziemlich clever ist. Das ist der Zustand in einem symbolisch nicht unwichtigen Bundesland kurz vor einer Bundestagswahl.

Stellen wir uns vor, die CDU käme in die nächste Bundesregierung. Wie würde es weitergehen? Sie müsste eine Koalition eingehen und dadurch in vielen Punkten Kreide fressen. Das ist im demokratischen Prozess üblich. Doch durch den Rechtsschwenk der CDU unter Merz wird das zunehmend problematisch. Seine Rhetorik aus der Opposition lässt sich kaum noch anders als »rechtsradikal« beschreiben. Und natürlich erwarten die Wähler:innen, die der CDU wegen ihrer AfD-nahen Parolen noch die Stange halten und nicht gleich zur AfD abdriften, dass Merz und seine Mannen nach der Wahl auch liefern, was sie großspurig angekündigt haben. Aber wie soll das gehen – etwa, wenn die CDU mit den Grünen koalieren muss? Das wird für viele eingefleischte Rechte in der Union eine grandiose Enttäuschung. Selbst eine Koalition mit der SPD wird nicht bedeuten, dass die CDU durchregieren kann.

Enttäuschen wird die Union auch, dass die Themen nach der Wahl dieselben bleiben. Das Land steht vor einem Schuldenberg, hat massive Strukturprobleme (marode Straßen, Internet, Schulen, Krankenhäuser etc.) und wird international gerade in die Zange genommen: Europa schwächelt, während in den USA Trump übernimmt und im Osten Russland und China den Takt vorgeben. Da wird der Größenwahn eines Herrn Merz schnell verzwergen. Und genau das wird die AfD weiter stärken.

Dass die CDU unter Merz nicht mehr viel von politischem Anstand und Demokratie-Kultur hält, zeigte sich beim Thema Neuwahl. Sie wollte eine Neuwahl übers Knie brechen, für die sie selbst noch nicht einmal aufgestellt war. Und drohte sogar, die Tagesordnung des Bundestages wie ein trotziges Kleinkind zu blockieren. Dringend anstehende Entscheidungen ließen Merz und seine Fraktion aus Machtgier und Eitelkeit über die Klinge springen. Dabei war längst klar, dass hinter den Kulissen bereits ein Wahltermin besprochen wurde, als diese Blockade-Meldung kam. Die AfD muss angesichts dieser Selbstdemontage des politischen Betriebes nur zuschauen – Merz erledigt die Vorarbeit.

Anstatt geordnet in den Neuwahl-Prozess einzusteigen und dabei die Macht des Faktischen gewisser Prozesse zu berücksichtigen, gebärdete sich Merz so rüpelhaft, als sei seine feudale Führung allerorten gern gesehen. Merz, der im Sauerland selbst noch im Laufe des Dezembers 2024 zum Kandidaten der Bundestagswahl gekürt werden musste, zeigte dabei sein wahres Gesicht: Hauptsache Macht.

Seine Kür zum Kandidaten war bereits eine Kampfansage an den sozialen Frieden im Land. Etliche in der CDU sind der Meinung, dass er der falsche Kandidat sei – nur leider traut sich niemand, das offen zu sagen. Sie machen sich mit ihrem Wissen letztlich mitschuldig daran, dass eine Brutalo-Tonart den Wahlkampf beherrscht, bei dem mir Angst und Bange wird, wie sich das noch steigern wird. Und es wird sich erfahrungsgemäß steigern.

Die Kollateralschäden für das Volk und die politische Kultur werden immens sein. Zeit für Aufräumarbeiten wird es nicht geben, und das Vertrauen in Parteien, Demokratie und Führung bleibt nachhaltig gestört. Ich sage Ihnen, wie es kommen wird: Die nächste Regierung – egal, wer es ist – wird maximal geschwächt ins Amt starten und keinen echten Rückhalt im Volk mehr haben. Und dann werden die Rechtsextremen weiteren Zulauf bekommen. Einziger Hoffnungsschimmer (und da schließe ich an einen meiner vorherigen Beiträge an): Sollte die CDU nach der Wahl in der Opposition bleiben, besteht die Chance, dass wir die ganzen enttäuschten Rechten nicht vollständig an die AfD verlieren. Ist die CDU jedoch in der Regierung, wird die AfD Tag für Tag stärker.

Aber nicht nur deshalb sollte die CDU/CSU in der Opposition bleiben. Das AfD-Verbotsverfahren wird aller Wahrscheinlichkeit nach unter der Union nicht mit großem Nachdruck weiterverfolgt werden – die Gründe dafür habe ich bereits angesprochen. Im Wahlkampf in Thüringen konnten wir erleben, wie tollkühn die CDU glaubte, sie könne die AfD stellen. Erinnern wir uns nur an die Posse rund um den TV-Auftritts von Mario Voigt (CDU) und Björn Höcke (AfD), der auf X (ehemals Twitter) inszeniert wurde wie ein Duell zweier Prärie-Cowboys. Als es dann auf WELT-TV zu »Showdown« kam, hielt Voigt dem Faschisten Höcke plötzlich eine Mini-Ausgabe des Grundgesetzes entgegen – so, als wolle er dem Teufel ein Kreuz vorhalten. Es war eine der bizarrsten Stellen dieses Duells, das erwartungsgemäß ohne großen Erfolg für die CDU blieb. Das Wahlergebnis war eine einzige Blamage für die Partei; vor allem, weil über 50 Prozent der CDU-Wähler:innen angaben, sie hätten nur die CDU gewählt, um die AfD zu verhindern. Jetzt steht in Thüringen eine äußerst wacklige Koalition, die nicht einmal eine eigene Mehrheit hat, sondern auf die Mithilfe der Linken aus der Opposition angewiesen ist.

Kurzum: Ein Verbotsverfahren wird auf Dauer unvermeidlich sein. Allein schon aus einem Grund: Wenn ich mit einem Verbot drohe, es aber nie umsetze, passiert was? Genau, es stumpft ab. Die Gründungsväter der Bundesrepublik Deutschland haben sich etwas dabei gedacht, als sie die Möglichkeit geschaffen haben, Parteien verbieten zu können. Und meiner Meinung nach wird es über kurz oder lang im Fall der AfD dazu kommen. Bei der aktuellen Debatte fallen mir allerdings geradezu abstruse »Argumente« auf, die ich hier entkräften möchte.

Manche nehmen die Gefahr, die von der AfD ausgeht, so wenig ernst, dass sie um keine Ausrede verlegen sind, um ein AfD-Verbotsverfahren zu umgehen:

- **Behauptung:** »Wir können nicht die AfD verbieten, weil sie von 20 bis 30 Prozent der Menschen in Deutschland gewählt wird«.
- **Entkräftung:** Doch, gerade weil sie so mächtig wird. Eines der Verbotskriterien ist der Grad des möglichen Einflusses. Deshalb ist das NPD-Verbotsverfahren gescheitert – zu unbedeutsam, die Partei.

- **Behauptung:** »Wenn so viele eine Partei wählen, kann sie nicht schädlich sein. Dann ist das der Volkswille.«
- **Entkräftung:** Ein Verbot wird nicht per Volksabstimmung entschieden, sondern zum Glück per Gericht, das unabhängig abwägt. Oder wollen wir künftig auch im Oktoberfestzelt darüber abstimmen lassen, ob es Freibier für immer gibt? Ist ja der »Volkswille«!?

- **Behauptung:** »Die AfD darf ja demokratisch gewählt werden, also ist sie demokratisch.«
- **Entkräftung:** Klares Nein. Dazu ein Vergleich: Nur, weil ich einen Krankheitserreger wie Sauerstoff einatme und in meinem Körper aufnehme, ist es trotzdem kein Sauerstoff, sondern ein Virus. Er kommt nur durch die gleiche Pforte.

- **Behauptung:** »Es bringt doch sowieso nichts, wenn wir die AfD verbieten.«
- **Entkräftung:** Aber natürlich! Abgesehen vom Imageverlust durch ein Verbot würde die Partei

auch keine Millionen an Steuergeldern und staatlichen Ressourcen mehr erhalten. Bislang finanzieren wir die Faschisten ja sogar noch mit.

- **Behauptung:** »Wir müssen die AfD demokratisch stellen. Ein Verbot ist der falsche Weg.«
- **Entkräftung:** Die AfD demokratisch stellen zu wollen ist wie, jemanden zum Schach herauszufordern, der stattdessen Hallenhalma spielt. Die AfD spielt nicht nach unseren Regeln – sie macht sich ihre eigenen. Man sieht es allein schon daran, wie perfekt sie Meinungen via Social Media manipuliert.

- **Behauptung:** »Wir müssen die AfD inhaltlich stellen.«
- **Entkräftung:** Der AfD lebt vom Konflikt, vom Dissens. Nicht von Inhalten. Sie wird immer wieder den nächsten Konflikt aufreißen. Sie ist nicht an Inhalten oder gar Konsens interessiert.

- **Behauptung:** Nur wenige, die AfD wählen, finden Nazis wirklich gut. Und die meisten sagen doch über sich, dass sie keine Nazis sind.
- **Entkräftung:** Die Wähler:innen wählen die AfD nicht trotz, sondern wegen ihrer Inhalte. Zudem kann man Nazi sein, ohne dass man sich selbst so sieht. Und: VOR der Machtergreifung der Nazis waren auch noch nicht alle offiziell Nazis, aber das braune Gedankengut war bereits in den Köpfen.

- **Behauptung:** Ein Verbotsverfahren wird die AfD nutzen, um sich in die Opferrolle zu begeben.
- **Entkräftung:** Das wird die AfD so oder so tun, das ist schließlich Teil ihrer allgemeinen Strategie.

Während ein Verbot geprüft wird, ist aber gleichzeitig die Chance recht hoch, dass sich die AfD disziplinieren muss. Da so ein Verfahren mehrere Jahre dauern kann, ist das insgesamt ein guter »Nebeneffekt«.

Alles in allem sehen wir: Es gibt keine wirklich stichhaltigen Punkte gegen ein Verbotsverfahren. Und allein der Umstand, dass die AfD sich beim Start eines solchen Verbotsverfahren am Riemen reißen müsste, lohnt den Aufwand. Und das Risiko.

Besser aufgestellt:

Ein gutes Lobby-Vorfeld macht
den halben Wahlkampf

Die CDU/CSU ist die Partei, die seit Gründung der Bundesrepublik vor 75 Jahren am längsten an der Regierung war. Entsprechend hat sie einen gewaltigen Vorsprung gegenüber anderen Parteien, wenn es darum geht, eine Vorfeldstruktur aufzubauen, die als Impulsgeber und Unterstützer der Partei fungiert. Zahlreiche Organisationen sind CDU-nahe Lobbyverbände, die nicht selten Themen lancieren und auf die Tagesordnung bringen, die die CDU dann »dankend« ausspielt. Hier einmal ein kleiner Überblick über die wichtigsten Vorfeldorganisationen der CDU, die sehr eng mit der Partei verbunden sind, dies aber nach außen hin eher weniger klar zu erkennen geben:

Mittelstands- und Wirtschaftsunion (MIT)

Sicherlich noch am parteinächsten ist die sogenannte »Mittelstandsunion« (MIT). Sie ist eine Vereinigung der Unionsparteien und zugleich die innerparteiliche Interessenvertretung der Unternehmer, Selbständigen und Freiberufler. Bundesvorsitzende ist seit Dezember 2021 die CDU-Bundestagsabgeordnete Gitta Connemann. Die MIT tritt durch zahlreiche bizarre Fake-News in Erscheinung und gilt in der Union durchaus als Karrieresprungbrett.

Wirtschaftsrat

Der Wirtschaftsrat der CDU e. V. ist ein CDU-naher Lobby- und Berufsverband. Anders als beispielsweise die Mittelstands- und Wirtschaftsunion (MIT) hat der

Wirtschaftsrat nicht den Status einer Vereinigung oder Sonderorganisation innerhalb der Union. Gleichzeitig hat der Wirtschaftsrat direkten Zugang ins Parteipräsidium der CDU, was insbesondere LobbyControl kritisiert. Der Wirtschaftsrat ist nämlich finanziell und juristisch unabhängig von der CDU und deshalb nicht dem Parteiengesetz und dessen Transparentregeln unterstellt. Dies ist natürlich Einfallstor für viele Kontakte, die man mindestens als kritisch einstufen kann. Der Rat, der als einflussreiche Lobbyorganisation gilt, stärkt mit Vorliebe Konzerne und schwächt den Klimaschutz. Wen wundert es: Große Konzerne aus der Chemie und Autowirtschaft sind in ihm vertreten.

Initiative Neue Soziale Marktwirtschaft (INSM)

CDU-Generalsekretär Carsten Linnemann war einige Jahre der Geschäftsführer der INSM. Unter dem Deckmantel der »Sozialen Marktwirtschaft« setzt die INSM auf knallharte konservative Themen und übersteigt dabei oft die Gepflogenheiten des fairen Umgangs miteinander. Im Wahlkampf 2021 etwa hatte die INSM eine Kampagne finanziert, die die damalige Spitzenkandidatin der Grünen, Annalena Baerbock, mit Steintafeln zeigte – darauf die zehn Verbote, die die Grüne angeblich einführen wollten. Die Kampagne muss einen hohen sechsstelligen Betrag gekostet haben, sie war schließlich in nahezu allen relevanten Medien geschaltet. Die INSM wird von Unternehmen der Metall- und Elektroindustrie finanziert. Aktueller Geschäftsführer ist Thorsten Alsleben, ein Intimus von Carsten Linnemann.

Die Familienunternehmer e.V.

Die Familienunternehmer e.V. setzt sich als Lobby-Organisation gegen Flächentarifverträge, die Besteuerung von Erbschaften und Vermögen und für die Abschwächung klimapolitischer Maßnahmen, mit Ausnahme des Emissionshandels, in Deutschland und auf europäischer Ebene ein. Dabei ist der Name etwas irreführend, erweckt er doch den Eindruck, dass hier unzählige kleine Familienunternehmen organisiert sind. Tatsächlich sind nur 0,2 Prozent der Familienunternehmen dort vertreten. Hinter Familienunternehmer e.V. stecken einige große Familienunternehmen wie etwa Oetker, BMW, Bertelsmann und andere, die über diese Lobby knallharten Druck auf die Politik ausüben.

Nachwort.

Erinnern Sie sich noch? Im Vorwort dieses Buches habe ich Ihnen ein Versprechen gegeben. Ich versprach, dass ich Ihnen mit diesem Buch eine Orientierung für die anstehende Bundestagswahl geben möchte. Nun hoffe ich, dass Sie mir zustimmen, wenn ich sage: Mission erfüllt. Sie sind jetzt mit vielem ausgestattet, was ich für eine Entscheidungsfindung in der Wahlkabine als wichtig erachte und was Ihnen Ihre Urteilsfindung hoffentlich leichter macht. Ich habe dabei wohlgemerkt nicht behauptet, dass Sie am Ende dieses Buches genau wissen, welche Partei Sie wählen sollen. Das kann und will ich Ihnen auch gar nicht sagen. Dafür empfehle ich immer gern den Wahl-o-Maten, der kurz vor einer jeden Wahl mit den Parteiprogrammen der Parteien gefüttert wird und der Ihnen dann online anhand von Fragen am Ende eine Empfehlung ausspuckt. Wenn Sie selbst nicht internetaffin sind, lassen Sie sich diesen Wahl-o-Maten von jemandem zeigen. Er ist wirklich eine Hilfe!

Aber ich denke, es dürfte nach der Lektüre dieses Buches nun deutlich geworden sein, welche Parteien Sie besser nicht wählen sollten, wenn Ihnen an der Zukunft dieses Landes etwas liegt. Ich persönlich bin für mich sehr klar in meiner Wahlentscheidung. Und es ist kein Geheimnis, wenn ich sage, dass es sicherlich keine Partei im rechten Spektrum sein wird. Rechte bzw. rechtskonservative Weltbilder wirken auf mich sehr engstirnig. Sie legen großen Wert auf Rang und Unterschied, während Mitte-links eher die Gleichheit der Menschen in den Mittelpunkt rückt. Nicht missverstehen: Natürlich weiß auch ich, dass nicht alle Menschen »gleich« sind. Ganz praktisch habe ich das z.B. im Sport während der Schulzeit feststellen müssen. Einfach ausgedrückt: Ich wusste früh, dass aus mir kein 100-Meter-Sprinter wird. Das konnten andere einfach besser.

Doch ich bin der festen Überzeugung, dass alle Menschen die gleiche Chance bekommen sollten, an solch einem Wettlauf teilzunehmen. Und dass das Rennen fair und mit transparenten Regeln erfolgt. Leider denken Menschen mit einem eher rechten bzw. rechtskonservativen Menschenbild in der Regel anders. Sie ignorieren die Hürden und Hemmnisse, die andere zum Start mitbringen – und sind sich dann auch ihrer Privilegien nicht bewusst, wenn sie mit besten Sportschuhen leichtfüßig über die Laufbahn federn, während andere barfuß jeden Stein auf dem Weg spüren. Im Ziel wird dann großspurig über »Leistung« gesprochen – und richtig: Angesichts der ungleichen Startbedingungen klingt für mich eine solche Leistungsdebatte stets wie Hohn in meinen Ohren.

Der bereits im Vorwort erwähnte Sozialwissenschaftler Prof. Wilhelm Heitmeyer konstatierte 2011 in seiner Langzeitstudie als übergreifenden Gesamtbefund eine Entwicklung, nach der das Klima in der Gesellschaft »zunehmend vergiftet wird. Dadurch verändern sich auch die Einstellungen in der Bevölkerung. Im Jahre 2011 sind fast 37 Prozent der Befragten der Auffassung, bestimmte soziale Gruppen seien nützlicher als andere, und fast 30 Prozent finden, dass eine Gesellschaft sich Menschen, die wenig nützlich sind, nicht leisten kann.«

Traurig, dass die Erkenntnisse von Prof. Heitmeyer, einem sehr renommierten Experten auf seinem Gebiet, dazu führten, dass sein Projekt als »nestbeschmutzend« kritisiert wurde. Auch wurde der Soziologe als »Störenfried« gebrandmarkt. Nachvollziehbar – keine Gesellschaft hört gern, dass sie sich stark verändert hat – und zwar nicht zum Guten.

Die gute Nachricht lautet aber: Wir alle haben das Gegengift in der Hand. Gehen wir wählen. Sie haben es mir versprochen – zu Beginn des Buches.

An dieser Stelle eine kleine Danksagung:

Ich möchte Lisa Müller danken, die daran geglaubt hat, dass wir dieses Buch realisieren. Und die sich sehr dafür eingesetzt hat, dass es sich nun in Ihren Händen befindet. Außerdem möchte ich den vielen Freiwilligen danken, die sich in unserem Bündnis demokratischer Content Creator (BdCC) und in zahlreichen anderen, ähnlichen Gruppen und Netzwerken (z.B. auf LinkedIn »Nie wieder ist jetzt«) engagieren –

jede:r so, wie er/sie kann. Es macht Mut zu sehen, dass wir nicht alleine sind.

Ja, und dann möchte ich Ihnen danken. Danke dafür, dass Sie das Buch bis hierhin gelesen haben. Und dass Sie wählen gehen.

MARC RASCHKE

HALLO.
Wir sind pinguletta.

Mehr
Lesestoff
von
pinguletta.

Ein Buch über das Leben, die Familie und eine tödliche Krankheit, die mir als Familienvater im Alter von 38 Jahren diagnostiziert worden war: Amyotrophe Lateralsklerose oder kurz ALS. Vielleicht denken Sie jetzt, wenn Sie schon etwas über Krankheit lesen müssen, dann lieber in der »Apotheken Umschau«, da stehen wenigstens Rezepte drin. Doch halt – ich verspreche Ihnen: Dieses Buch ist anders! Ich erzähle Ihnen meine Geschichte. Wie ich wachen Geistes meinen körperlichen Verfall und die Welt um mich beobachte. Es ist kein Buch, das ausschließlich das Sterben thematisiert, sondern vielmehr das Leben. **Keine Henkersmahlzeit – sondern all you can live!**

Christian Bär. Autobiografisches Sachbuch

 Taschenbuch
337 Seiten

 E-Book

 pinguletta.de

Der Pinguin.
Sympathischer Bewohner
der Südhalbkugel.
Unser Maskottchen.

La Lettera.
Italienisch für Buchstabe
oder Schreiben.
Unsere Leidenschaft.

[ˈpɪŋgu]
pinguletta
[lɛˈta]

pinguletta Verlag
Durlacher Str. 32
75210 Keltern
Deutschland
Tel. 07236 932471
verlag@pinguletta.de
www.pinguletta.de

A02 FD F02_2025 V2025-03-10